coleção primeiros passos 343

Emílio Figueira

O QUE É
EDUCAÇÃO INCLUSIVA

editora brasiliense

copyright © by Emílio Figueira
Nenhuma parte desta publicação pode ser gravada,
armazenada em sistemas eletrônicos, fotocopiada,
reproduzida por meios mecânicos ou outros quaisquer
sem autorização prévia do editor.

1ª edição, 2011
3ª reimpressão, 2013

Diretora editorial: *Maria Teresa B. de Lima*
Editor: *Max Welcman*
Preparação de texto: *Ricardo Miyake*
Revisão: *Arlete Sousa*

Dados Internacionais de Catalogação na Publicação (CIP)
(Câmara Brasileira do Livro, SP, Brasil)

Figueira, Emílio
O que é educação inclusiva / Emílio Figueira. --
São Paulo : Brasiliense, 2013. -- (Coleção Primeiros Passos ; 343)

ISBN 978-85-11-15624-9

1. Educação - Brasil 2. Educação especial
3. Educação inclusiva 4. Inclusão social
5. Pedagogia I. Título. II. Série.

11-06050   CDD-370.115

Índices para catálogo sistemático:
1. Educação inclusiva   370.115

editora brasiliense ltda.
Rua Antônio de Barros, 1839 – Tatuapé
CEP 03401-001 – São Paulo – SP
www.editorabrasiliense.com.br

SUMÁRIO

I. Do assistencialismo e curandeirismo ao início da
educação inclusiva no Brasil 9
II. Aspectos psicológicos da inclusão escolar 32
III. Pessoas com deficiência intelectual 46
IV. Inclusão nos primeiros anos de vida 62
V. Mudanças arquitetônicas e o papel do professor 73
VI. O projeto pedagógico, as adaptações curriculares
e as relações na sala de aula inclusiva 84
VII. Outros aspectos e atores da inclusão escolar 96
VIII. A educação especial e a inclusiva podem caminhar
juntas? 108
IX. A escola inclusiva e o nosso momento
histórico 114
Indicações de leitura 119
Sobre o autor 122

Resistimos à inclusão escolar porque ela nos faz lembrar que temos uma dívida a saldar em relação aos alunos que excluímos por motivos, muitas vezes banais e inconsistentes, apoiados por uma organização pedagógica escolar que se destina a alunos ideais e padronizados por uma concepção de normalidade e de deficiência arbitrariamente definida.

Maria Teresa Egler Mantoan

Para as amigas e grandes incentivadoras,
Marta Almeida Gil e
Érika Souza Bueno

DO ASSISTENCIALISMO E CURANDEIRISMO AO INÍCIO DA EDUCAÇÃO INCLUSIVA NO BRASIL

Durante dez anos, pesquisei fatos históricos envolvendo pessoas com deficiência no Brasil por achar interessante esse entendimento para minha atuação profissional. Esses "fatos históricos" são dados retirados das entrelinhas de acontecimentos ocorridos nos primeiros séculos de nossa história. Pelo fato de as questões relacionadas às pessoas com deficiência não terem sido devidamente documentadas, tive que trabalhar com pistas sobre a política de exclusão de nossos indígenas, o assistencialismo dos jesuítas, os maus-tratos que geraram problemas físicos em escravos e o fortalecimento da cultura da "deficiência associada à doença". Alguém poderia me perguntar qual é a necessidade de conhecermos esse percurso histórico. Simples. Assim, podemos entender como foram construídos e cultuados nossos conceitos e imagens das pessoas com deficiência.

Antes mesmo do Descobrimento do Brasil, em muitos relatos de historiadores e antropólogos, então registrados, já havia a prática de exclusão entre os indígenas quando nascia uma criança com deformidades físicas. Ao nascerem, eram imediatamente rejeitadas, acreditando-se que trariam maldição para a tribo. Uma das formas de se livrar delas era abandonar os recém-nascidos nas matas ou atirá-los de montanhas e, nas atitudes mais radicais, sacrificá-los nos chamados rituais de purificação. Eram raríssimos os "aleijados" e pessoas com deformações de origem traumática. O fato de os indígenas, por possuírem uma robusta constituição física, serem fortes e sadios, poderia ser um fator que reforçava a política de exclusão, eliminando todos aqueles que nascessem ou viessem a apresentar algum tipo de deficiência visível fora dos padrões e modelos pré-estabelecidos pela tribo.

Em seguida, já nos primeiros anos de colonização, tivemos a chamada medicina jesuítica. Surgiam os primeiros hospitais das Irmandades de Misericórdia que, com poucos recursos, não supriam as necessidades da época. Eram lugares onde obscuros habitantes, brancos, mestiços e negros buscavam socorro, transformando as enfermarias e as boticas dos estabelecimentos da Companhia de Jesus em hospitais da população e em farmácias dos doentes necessitados. Embora não se tenha registros oficiais da época nem descrições das doenças, podemos presumir a existência de pessoas com deficiências congênitas ou adquiridas entre os assistidos pelos jesuítas. Feridas nas pernas e/ou nas cabeças, mortalidade infantil, doenças de pele, males venéreos como a sífilis, verminoses variadas, problemas oculares, anemia, febres, chagas, tumores, dores de cabeça, paralisias, cólicas, mordidas de cobra, insônias, males do estômago, do coração e dos ossos, isso sem contar, é claro, as enfermidades epidêmicas, como varíola e outras. O Brasil foi muitas vezes fustigado por grandes pestes, epidemias, doenças gerais, bexigas, tabardilho, câmaras de sangue, tosse e catarro.

Nesse período, tivemos a primeira iniciativa em torno da Educação Especial. Manuel de Andrade de Figueiredo (1670-1735), em sua principal obra *Nova escola para aprender a ler, escrever e contar*, ao contrário de grande parte dos manuais religiosos predominantes do século XVII, realçava o papel primordial de uma nação quando "os governos se prezam em espelhar os processos educativos no intento de formar bons cidadãos". Considerando que um bom resultado educacional depende em grande parte da atenção do mestre em proporcionar o conteúdo de seu ensino às atitudes e à situação da criança, Figueiredo orientava o professor a observar o ritmo de aprendizagem em função da capacidade real do aluno, não podendo ser demasiadamente rápido, pois, embora este possuísse uma boa memória, faltava-lhe a habilidade de realizar operações lógicas complexas. Por intermédio de Figueiredo, apareceram as primeiras tentativas de pôr em prática a Educação Especial no período jesuítico (1549-1759) no Brasil, quando os registros históricos da atuação dos jesuítas destacam os conselhos de Figueiredo a respeito dos recursos pedagógicos mais oportunos referentes às pessoas com deficiência mental, recomendando: "O mestre prudente deve usar com estes de menor rigor no castigo, pois os excessos na correção podem trazer efeitos muito negativos". De fato, o menino "aflito de não poder perceber a lição e temeroso ao mesmo tempo do castigo que o intimida e mortifica, abraçando só o medo natural, ausenta-se e foge da escola". Dever-se-ia respeitar a situação da criança, estimulando-a não pelas punições, mas ministrando os conteúdos da lição segundo a capacidade dos talentos, sendo o sistema nervoso estimulado pelo exercício que, segundo recomendações de Figueiredo, essas crianças iriam aperfeiçoando o seu intelecto, podendo alcançar "mais clareza de engenho".

Em nossos primórdios, mais dois exemplos assistencialistas merecem destaque: Havia crianças indígenas, os curumins, e os chamados "órfãos da terra", oriundos das ligações entre os brancos ou negros e mulheres indígenas, que normalmente eram abandonados por suas mães, pois os índios acreditavam que o parentesco verdadeiro só vinha pela parte dos pais. Por isso, aquelas crianças não faziam parte do seu povo, na medida em que não foram geradas por um homem da tribo. Esses órfãos passaram a ser recolhidos em lugares denominados *Casas de Muchachos*, com o objetivo de educá-los dentro dos preceitos da Igreja. Nascia, assim, a primeira medida de afastamento da criança de seu convívio sócio-familiar praticada no Brasil. Em 1585, já existiam no país cinco "casas" de acolhimento situadas em Ilhéus, Porto Seguro, Espírito Santo, São Vicente e São Paulo. Ao atingirem a adolescência, tinham que abandonar as "casas". Alguns retornavam às suas tribos, assumindo costumes anteriormente abandonados. Mas havia aqueles que não se adaptavam, ficando juntamente com aqueles que não tinham família, perambulando pela cidade ou pelas estradas. Iniciava-se, então, a formação de uma massa de população que não pertencia a nenhuma etnia, passando posteriormente a viver nas periferias dos aglomerados urbanos.

Outro capítulo marcante e triste de nossa história foram as chamadas "Rodas dos Expostos", as quais funcionaram de 1726 a 1950 no Brasil. Tiveram origem na Itália durante a Idade Média a partir do trabalho de uma Irmandade de Caridade e da preocupação com o grande número de bebês encontrados mortos. Tal Irmandade organizou num hospital em Roma um sistema de proteção à criança exposta ou abandonada. As primeiras iniciativas de atendimento à criança abandonada no Brasil deram-se seguindo a tradição portuguesa, instalando-se a roda dos expostos nas Santas Casas de Misericórdia. Em princípio, Salvador (1726), Rio de Janeiro (1738), Recife (1789) e também em São Paulo (1825) já no início do império. Outras rodas menores foram surgindo em outras cidades após este período.

Voltando um pouco ao Brasil Colonial, há outros fatos e curiosidades. Os primeiros hospitais brasileiros, as Santas Casas de Misericórdia, surgiram a partir de iniciativas da Igreja Católica, que quase sempre nasciam como instituições destinadas a apoiar uma ampla variedade de excluídos: órfãos, mães solteiras, velhos, pobres e, claro, doentes, já estabelecendo uma cultura assistencialista. E o que não faltaram foram doenças, epidemias e males incapacitantes. Os colonos portugueses, por exemplo, sofriam muito com a quantidade de insetos nocivos à sua saúde e bem-estar, além dos males próprios dos trópicos e característicos de uma terra nunca desbravada. E algumas dessas enfermidades de natureza muito grave chegavam a levá-los à aquisição de severas limitações físicas ou sensoriais.

Existiam pessoas com deficiência no contexto da época? Analisando as peculiaridades da medicina e das doenças do Brasil do século XVI, tal e qual como entre os demais povos e no mesmo grau de incidência, o brasileiro exibiu casos de deformidades congênitas ou adquiridas. Foram comuns os coxos, cegos, zambros e corcundas. Durante os séculos XVI e XVII, a medicina em terras brasileiras viu-se à frente de casos de doenças mais sérias, pacientes com fraturas expostas ou complicadas, deslocamentos de membros ou ósseos. Não há números exatos, mas seguindo citações dos cronistas da época, sabe-se que tivemos muitos casos que provocavam lesões permanentes e de natureza incapacitante. Diante das grandes epidemias, a população via-se abandonada à própria sorte, ficando à mercê dos atendimentos improvisados ou dos muitos experimentados curadores.

Registra-se em nossa história o problema das paralisias no Brasil durante o século XVII. Vivendo muitos anos aqui no país, o médico português Simão Pinheiro Morão, ao final de sua permanência no Nordeste brasileiro, descontente com pessoas que improvisavam na medicina em 1677, escreveu um importante documento intitulado

Queixas repetidas em ecos dos arrecives de Pernambuco contra os abusos médicos que nas Capitanias se observam tanto em dados das vidas de seus habitantes. Desse extenso manuscrito, perdido por séculos, há descritos diversos males, dentre eles a "paralisia", dando a entender tratar-se das sequelas de acidente vascular ou de alguns outros males que podem levar à perda eventual da sensibilidade. Nas entrelinhas, percebe-se a inexistência de maiores preocupações com o problema familiar ou social causado pelo mal, dado que Morão limita-se a registrar o que pode ser usado em determinadas circunstâncias como medicamento.

Durante os primeiros três séculos de nossa história, as amputações de membros inferiores e superiores foram as mais sérias e mais comuns das cirurgias, situações decorrentes de acidentes, gangrena, tumores, golpes violentos, entre diversas outras causas. Essas antigas cirurgias eram eminentemente mutiladoras, dado que se cortava o membro doente ou extirpava-se o órgão afetado. Abria-se o corpo, lancetava-se a tumoração. Uma vez que era perigoso intervir no corpo humano, por consequência de infecção pós-operatória, o ato cirúrgico significava a morte numa percentagem impressionante.

Em 1727, começava a funcionar o primeiro serviço hospitalar militar do Rio de Janeiro no Morro de São Bento, o Asilo dos Inválidos da Pátria, que daria origem ao Hospital Real Militar. Esses hospitais militares localizaram-se nas sedes das capitanias e, após a Independência, nas capitais das províncias. Quase todos foram instalados nos edifícios dos antigos colégios da Companhia de Jesus, a qual foi expulsa do país por iniciativa do Marquês de Pombal. Receberam soldados e marinheiros, os quais eram assistidos por médicos e cirurgiões militares. A preocupação com soldados também gerou outra iniciativa.

Se a associação entre deficiência e doença veio sendo construída ao longo de nossa história como uma questão sempre tratada em ambientes hospitalares e assistenciais, outros fatores também reforçaram essa cultura. Em terras brasileiras, principalmente no final do século XIX e nas primeiras décadas do século XX, foi bem considerável o número de médicos que pesquisaram, escreveram e publicaram trabalhos científicos sobre pessoas com deficiência, sobretudo as mentais, preocupados que estavam com a aprendizagem das crianças. O despertar dos médicos nesse campo educacional pode ser interpretado como uma procura de respostas ao desafio apresentado pelos casos mais graves, resistentes ao tratamento exclusivamente terapêutico, quer no atendimento clínico particular, quer no, muitas vezes, encontro doloroso de crianças misturadas às diversas anomalias nos locais que abrigavam todo tipo de doenças, inclusive a loucura. A medicina passou a influenciar as propostas educacionais para essas pessoas, principalmente por ser, na área do ensino superior, uma das mais antigas no Brasil, junto ao ensino militar, tendo, desde o começo, formado profissionais habilitados para tanto.

O curandeirismo como forma de tratamento às deficiências

O curandeirismo é uma cultura que vem atravessando séculos. Foram os indígenas que começaram essa prática em nosso país. Como sua mentalidade especulativa era muito limitada, davam vazão ao feiticismo, à fascinação e ao temor pelos seres superiores, fenômenos de aparição rara e instantânea, homens e também pelas coisas que julgavam possuídas de misteriosos poderes ou forças mágicas.

Foram eles que começaram a conceber as doenças como determinação ou castigo enviado por essas entidades, crença esta que atravessou séculos e ainda hoje entende a deficiência como castigo — tese defendida, inclusive, por algumas doutrinas religiosas. Nas tribos, a medicina era exercida pelos pajés, que sempre estavam com seus amuletos de dentes de onça e jacaré, assim como de unhas de tamanduá, tudo usado no pescoço, nos pulsos e nos tornozelos como preventivo e curativo. Os pajés sempre gozaram de grande estima dos índios. Considerados sábios e de poder ilimitado, exerciam grande influência, viviam em casas separadas dos demais membros da tribo e ninguém ousava tocar nos seus objetos sob pena de sofrer pesados castigos.

Em seguida, entre os escravos trazidos da África vieram os negros-feiticeiros, considerados peritos em bruxaria, mas que não lograram grande reputação. Devido às suas condições de escravos, tiravam-lhes a autoridade de que necessitavam revestir-se para transmitir suas mensagens curativas. Sem ambiente, sem liberdade e sujeitos aos mais severos castigos, abandonaram seus hábitos e costumes, adotando os dos habitantes da terra, tornando-se curandeiros iguais aos muitos que proliferaram na Colônia.

O curandeirismo tornou-se uma prática cada vez mais própria de indivíduos que se dedicaram à atividade sob as designações de "curiosos", "entendidos", "práticos", "curandeiros". Foram homens, mulheres, brancos, negros e mestiços que se destacaram pela ousadia, examinando, diagnosticando, medicando e operando. Por um lado, alguns procuraram apenas servir e alcançaram notoriedade, enquanto outros praticavam de forma consciente o charlatanismo, aproveitando-se do povo simples e fácil de ser enganado, principalmente nos momentos de desespero, diante de doenças que não tinham meios de buscar outros recursos.

Conhecida como *tráfico negreiro*, essa atividade iniciou-se oficialmente em 1559, quando a metrópole portuguesa permitiu o ingresso de escravos vindos da África no Brasil como uma grande fonte de mão de obra e uma forma de obtenção de altos lucros, sendo, assim, de interesse geral, uma vez que, além dos traficantes, lucravam também a Coroa Portuguesa e até a Igreja Católica, que detinha uma porcentagem sobre cada escravo que entrava no Brasil. Tanto os índios como os africanos, na extração, no transporte de madeira e nas atividades agrícolas, eram bastante explorados e muitos morriam em decorrência dos castigos físicos aplicados pelos portugueses. Como cativos, estavam à disposição do seu dono. Eram vigiados pelos chamados capitães do mato, que também capturavam os fugidos e lhes aplicavam os mais diversos tipos de castigos, tais como o açoitamento, o tronco, a peia, entre outras punições, o que contribuía para diminuir o tempo de vida dessa mão de obra.

Em síntese, executavam os seus trabalhos nas mais desumanas das condições. Tiveram defeitos físicos provocados por castigos e desastres nos engenhos. Além dos castigos físicos, corpos marcados pelos maus-tratos, das péssimas acomodações e da alimentação precária, esses africanos eram muitas vezes vítimas de graves doenças, como o raquitismo e o beribéri.

Indígenas e escravos africanos foram elementos essenciais para a formação não somente da população, mas também da cultura brasileira, composta por uma rica diversidade étnica, decorrente do processo de miscigenação entre colonos europeus, indígenas e africanos. Nossa cultura apresenta fortes traços tanto da cultura indígena quanto da africana. Na culinária, temos o vatapá, o caruru e a tradicional feijoada brasileira nascida nas cozinhas dos

O que é educação inclusiva 23

escravos, e na língua portuguesa a presença de inúmeras palavras de outras origens, de modo que é impossível não perceber a influência da cultura dos povos que foram escravizados no Brasil.

Da educação especial à educação inclusiva

Referente à História da Educação para Pessoa com Deficiência no Brasil, eu a divido em três momentos distintos: 1) a criação do Imperial Instituto dos Meninos Cegos, em 1854; 2) o desenvolvimento de legislações específicas; 3) a era da Inclusão Escolar e Social.

No primeiro momento, no dia 12 de setembro de 1854, o Imperador D. Pedro II, através do Decreto Imperial nº 428, fundou na cidade do Rio de Janeiro o Imperial Instituto dos Meninos Cegos. No governo republicano, o Chefe de Governo Provisório, Marechal Deodoro da Fonseca, e o Ministro da Instrução Pública, Correios e Telégrafos, Benjamin Constant Botelho de Magalhães, no dia 17 de maio de 1890, assinaram o Decreto-lei nº 408, mudando aquele nome para Instituto Nacional dos Cegos, aprovando seu regulamento. Em seguida, em 24 de janeiro de 1891, por meio do Decreto-lei nº 1.320, e em homenagem a Benjamin Constant, ilustre e atuante ex-professor de Matemática e ex-diretor, passou-se a chamar Instituto Benjamin Constant (IBC), nome mantido até os dias atuais.

Por intermédio do Marquês de Abrántes e por influência do diretor do Instituto Bourges, de Paris, Ernest Hüet, também surdo, D. Pedro II, através do Decreto-lei nº 839, de 26 de setembro de 1857, criou na cidade do Rio de Janeiro o Imperial Instituto dos Surdos-Mudos. Antes, porém, como em um projeto-piloto, Hüet iniciou seu atendimento às duas alunas surdas, mantidas com bolsas do Império, no espaço cedido pelo Colégio de Vassinon. Cem anos após sua fundação, em 06 de julho de 1957, por força do Decreto-lei nº 3.198, passou a se chamar Instituto Nacional de Educação de Surdos (INES), permanecendo até o presente.

O segundo momento da Educação Especial pode ser estabelecido cronologicamente de 1957 aos anos de 1990, quando surgiram as campanhas voltadas especificamente para as pessoas com deficiência, patrocinadas pelo governo federal, contando com uma área extensa em legislações e acontecimentos e tendo como marco inicial a Campanha para a Educação do Surdo Brasileiro (Cesb) pelo Decreto Federal nº 42.728, de 3 de dezembro de 1957. O qual tinha por finalidade "promover, por todos os meios a seu alcance, as medidas necessárias à educação e assistência, no mais amplo sentido, em todo o Território Nacional" (art. 2º). Em seguida, veio a Campanha Nacional de Educação de Cegos (CNEC) – Decreto nº 48.252, de 31 de maio de 1960 – e a Campanha Nacional de Educação e Reabilitação de Deficientes Mentais (Cademe) – Decreto nº 48.961, de 22 de setembro de 1960, ambas subordinadas ao Gabinete do Ministro da Educação e Cultura.

Paralelas a essas primeiras campanhas, ocorriam pressões de entidades públicas e filantrópicas, como Apae e Pestallozzi, o que possibilitou a inclusão de um capítulo sobre a educação para pessoas com deficiência na primeira Lei de Diretrizes e Bases da Educação Nacional, Lei nº 4.024, de 20 de dezembro de 1961.

Não vou relatar toda essa história aqui, pois ficaria extensa demais... Mas pulando para a década de 1990, após anos de caminhada, consegue-se sistematizar e organizar em 1994 um documento contendo as ações e políticas voltadas à educação especial. Surge, assim, a Política Nacional de Educação Especial. Diz um trecho de seu texto: "A ciência e a arte de estabelecer objetivos gerais e específicos decorrentes da interpretação dos interesses, necessidades e aspirações de pessoas portadoras de deficiências, condutas típicas (problemas de conduta) e de altas habilidades (superdotadas), assim como de bem orientar todas as atividades que garantam a conquista e a manutenção de tais objetivos" (Seesp/MEC, 1994).

Após oito anos de intensa transição e discussão no Congresso Nacional, foi sancionada pelo então Presidente Fernando Henrique Cardoso, em 20 de dezembro de 1996, a nova Lei de Diretrizes e Bases da Educação Nacional — Lei nº 9.394.

O Governo Federal aprovou, em 9 de janeiro de 2001, a Lei nº 10.172, a qual dispõe sobre o Plano Nacional de Educação, em tramitação no Congresso Nacional desde fevereiro de 1998, e estabeleceu o período de uma década para que algumas metas sejam atingidas e outras superadas. A Educação Especial foi considerada uma modalidade de ensino, trazendo como diretriz a plena integração das pessoas com necessidades especiais em todas as áreas da sociedade. Trata-se, portanto, de duas questões: o direito à educação,

O que é educação inclusiva 27

comum a todas as pessoas, e o direito de receber essa educação sempre que possível junto às demais pessoas nas escolas "regulares".

Durante muitos anos, o conceito de Educação Especial teve uma forte aceitação em nosso país. Era um modelo educacional-médico, ou seja, instituições que mantinham equipes multidisciplinares, formadas por professores especializados, médicos, fisioterapeutas, fonoaudiólogas, terapeutas ocupacionais, psicólogos e outros profissionais menos comuns. Essa equipe tinha como meta habilitar as pessoas que nasciam com algum tipo de deficiência ou reabilitar aquelas que, ao longo de sua vida, viessem adquirir alguma deficiência, seja por meio de doenças ou acidentes, dentre outros motivos. Eram os profissionais que preparavam crianças ou pessoas com deficiência para depois integrá-las na sociedade — e com muitos resultados positivos.

Historicamente, pessoas com deficiência ficaram por muito tempo escondidas do convívio social. Até que, cerca de uma década atrás, nasceu o conceito de *integração social*. Surgiram, por exemplo, entidades, centros de reabilitação, clubes sociais especiais, associações desportivas, todas dedicadas a pessoas com deficiência. A intenção principal delas era preparar essas pessoas para ingressar e conviver em sociedade.

No ano de 1994, como marco do terceiro momento, surgiu a "Declaração de Salamanca — Princípios, Políticas e Práticas em Educação Especial", proclamada na Conferência Mundial de Educação Especial sobre Necessidades Educacionais Especiais. Esse documento reafirmou o compromisso para com a "Educação para Todos", reconhecendo a necessidade de providenciar educação para pessoas com necessidades educacionais especiais dentro do sistema regular de ensino. Assim, um novo conceito ganhou forças: a *inclusão escolar e social*. Antes, essas pessoas eram habilitadas ou reabilitadas para fazerem todas as coisas que as demais, sendo que por meio da integração social passavam a conviver conosco em sociedade. Agora, na inclusão social, as iniciativas são nossas. Somos nós que estamos nos preparando, criando caminhos e permitindo que elas venham conviver conosco. Por esse motivo, cada vez mais vemos crianças e pessoas com deficiência em nossas escolas, nos espaços de lazer e em todos os lugares da vida diária. E devemos estar preparados para essa convivência, aceitando as diferenças e a individualidade de cada pessoa, uma vez que o conceito de inclusão mantém este lema: *todas as pessoas têm o mesmo valor.*

Os alunos a serem incluídos

No campo educacional, não é diferente. Mas quem são essas pessoas apontadas na Declaração de Salamanca? De acordo com o artigo 5º da resolução nº 02/2001 do documento de Diretrizes Nacionais para a Educação Especial na Educação Básica, são considerados **portadores de necessidades educacionais especiais** os alunos que durante o processo educacional apresentam:

I — Dificuldades acentuadas de aprendizagem ou limitações no processo de desenvolvimento que dificultem o desenvolvimento das atividades curriculares, compreendidas em dois grupos:

a) aquelas não vinculadas a uma causa orgânica específica;

b) aquelas relacionadas a condições, disfunções, limitações ou deficiências.

II – Crianças com dificuldades de comunicação e sinalização diferenciada dos demais alunos, demandando a utilização de diferentes formas de linguagem.

III – Altas habilidades/superdotação e grande facilidade de aprendizagem.

De acordo com o documento "Estratégias para a Educação de Alunos com Necessidades Educacionais Especiais" (MEC, 2003): "A expressão necessidades educacionais pode ser utilizada para referir-se a crianças e jovens cujas necessidades decorrem de sua elevada capacidade ou de suas dificuldades para aprender. Está associada, portanto, a dificuldades de aprendizagem, não necessariamente vinculada à deficiência(s)".

O documento cita, ainda, as necessidades educacionais que podem ser identificadas em diversas situações representativas de dificuldades de aprendizagem, tais como decorrência de condições individuais, econômicas ou socioculturais dos alunos:

Crianças com condições físicas, intelectuais, sociais, emocionais e sensórias diferenciadas.

Crianças com deficiência e bem dotadas.

O que é educação inclusiva

Crianças trabalhadoras ou que vivem nas ruas.
Crianças de populações distantes ou nômades.
Crianças de minorias linguísticas, étnicas ou culturais.
Crianças de grupos desfavorecidos ou marginalizados.

ASPECTOS PSICOLÓGICOS DA INCLUSÃO ESCOLAR

Ao longo dos últimos anos, tenho lido centenas de livros, artigos, participado de seminários e congressos sobre Inclusão Escolar, tanto como ouvinte quanto como conferencista. Uma coisa noto bem claramente: todo o discurso em volta do tema tem sempre um caráter pedagógico em que quase nunca se fala das questões psicológicas que envolvem e que podem contribuir em muito para o sucesso da Inclusão Escolar. Aliás, uma das minhas tristezas é que os cursos de Pedagogia têm pouquíssimas matérias de Psicologia. Quando há, apenas são repassadas de forma rápida as teorias tradicionais. Um conteúdo atualizado e maior de Psicologia poderá ajudar a melhorar as relações dos professores com seus alunos por meio do conhecimento dos processos e etapas do desenvolvimento da criança, a construção de seus conhecimentos, como cada uma reage e modifica sua forma de sentir, pensar, falar e agir, o papel das interações sociais e do ambiente nesses processos. Esses conhecimentos dariam aos professores condições de pensar e agir com mais autonomia, de estruturar um ambiente educativo que permita a construção efetiva das competências consideradas importantes na cultura e *desenvolvimento global* da criança.

A Psicologia é a mais nova ciência entre todas, tendo pouco mais de cem anos, mas com uma intensa produção de trabalhos e conhecimentos. Ao longo de sua história, muitos psicólogos vêm pesquisando e elaborando teorias sobre o desenvolvimento do ser humano, o papel das interações sociais nesse desenvolvimento e sobre a aprendizagem. Nesse contexto, eu poderia apresentar pelo menos três concepções psicológicas: a *inatista* — que supõe que o desenvolvimento humano é determinado por fatores genéticos, sendo que todas as características físicas e psicológicas de uma pessoa são herdadas geneticamente de seus pais; a *ambientalista* — que, ao contrário, acredita que a criança nasce sem que nada esteja determinado biologicamente, de maneira que o meio ambiente em que vive é que irá moldá-la, estimulá-la e corrigi-la segundo um padrão ideal de comportamento; a *interacionista* — que, diferindo das duas primeiras, considera que tanto os fatores biológicos como os ambientais são fundamentais para o desenvolvimento humano e não podem ser dissociados.

Ansiedade: primeiro desafio a ser vencido

Hoje falamos muito de Inclusão Social ou Escolar, esse novo modelo social que retirou todo aquele caráter médico que envolvia questões referentes às pessoas com deficiência. Como psicólogo, tenho notado que os discursos de várias pessoas que falam em Inclusão Escolar também esbarram em questões culturais e/ou até mesmo em um certo comodismo. É muito comum professores do ensino regular dizerem que não estão preparados para receber alunos com deficiência. Não há maldade nisso, mas, sim, certo estado de ansiedade e, em muitos, mesmo que seja de forma inconsciente, um mecanismo de defesa contra algo desconhecido.

Nossas ansiedades são uma característica biológica do ser humano, as quais antecedem momentos de perigo real ou imaginário, marcadas por sensações corporais desagradáveis, tais como sensação de vazio no estômago, coração batendo rápido, medo intenso, aperto no tórax e transpiração. Tanto a ansiedade quanto o medo não surgem na vida da pessoa por uma escolha, mas vivências interpessoais e problemas na primeira infância podem ser importantes causas desses sintomas.

Para a maioria dos professores, assim como para grande parte da população, ainda há aqueles velhos conceitos culturais referentes às pessoas com deficiência, como imaginar que elas são doentes e/ou que não se desenvolveram ou aprendem como as demais. Ora, a aprendizagem e o desenvolvimento humanos são individuais e, conforme falarei mais abaixo, ninguém tem um modelo a seguir.

De fato, nenhum professor está preparado para trabalhar com a Inclusão Escolar até o momento em que chegue à sua turma um aluno a ser incluído, ou seja, ninguém em nenhuma situação está preparado para resolver algo que nunca vivenciou — o que muitas vezes exige conhecimento de experiências anteriores. Será neste momento que veremos realmente quem é o educador de verdade. O acomodado alegará não estar preparado, pois rejeitar um aluno com essa alegação será muito mais fácil e rápido para se livrar da questão.

Mas o verdadeiro professor, consciente de seu compromisso e desafio ético de educar a todos que pertencerem ao seu alunado, primeiro o receberá e somente depois irá se informar, buscar o maior número possível de informações e recursos para promover o *desenvolvimento global* daquele aluno. De modo geral, o bom educador reconhece que sua formação é permanente, contínua e flexível e que ocorre em salas de aulas das universidades, com o hábito e prática de leituras e de estudos, assim como também no dia a dia das escolas, na convivência cotidiana com colegas de trabalho, com seus alunos, com suas experiências familiares e na comunidade. O bom educador preocupa-se com o seu processo de autoconhecimento, com a descoberta de conhecimentos e interesses próprios, com suas motivações pessoais. Ele se permite autoconhecer em suas

O que é educação inclusiva 37

habilidades e dificuldades, preparando-se bem para contribuir com a formação de qualquer aluno que venha a integrar sua sala de aula.

Aqui também poderá surgir outro tipo de ansiedade. A direção na expectativa de mostrar resultados com o professor querendo rapidamente encontrar soluções de como trabalhar com aquele aluno. A dica é que primeiro receba o aluno e, nos primeiros dias, conheçam-se mutuamente, pegando a confiança e o jeito um do outro. Ao mesmo tempo em que for buscando o maior número possível de informações sobre o aluno e formas de trabalhar com ele, o professor descobrirá naturalmente no dia a dia suas próprias técnicas e adaptações de atuação em cada caso. Afinal, sendo a educação um processo feito por etapas, por que diante da Inclusão Escolar muitos procuram respostas rápidas? O reflexo da vida moderna que nos cobra resultados que geram nossas ansiedades não podem entrar na sala de aula inclusiva. A ansiedade não fez matrícula no início do ano, portanto, ela não está na lista de chamada!

Os efeitos positivos das deficiências

Quando digo *desenvolvimento global* é porque entendo a Inclusão Escolar não só como o processo de transferir o conteúdo aos alunos, mas, também, o ato de promover de forma natural a interação social entre todos. Entendo o desenvolvimento global como um sistema de cooperação e convivência entre eles, noções de respeito entre as diferenças e, dentre outros aspectos, o desenvolvimento psicomotor dessas crianças. Isso porque quando eles veem seus colegas sem deficiência realizando certas tarefas, serão estimulados a imitá-los e se estimularão, superando suas próprias deficiências, e certamente não teriam esses estímulos se ficassem em instituições especializadas entre alunos com deficiências semelhantes.

Posso afirmar isso com conhecimento de causa. Durante os anos 1970, estudei por nove anos numa instituição totalmente voltada para pessoas com deficiência — época da institucionalização. Meu progresso foi pequeno, mas no início da adolescência fui transferido para uma pequena cidade do interior paulista, indo estudar numa escola de ensino regular. Ali, convivendo com amigos sem deficiência, tanto na escola quanto nas atividades e brincadeiras por toda a cidade, muitas vezes tive que me superar para acompanhá-los. Ali, sim, ocorreu o meu real desenvolvimento pessoal, físico e intelectual. Hoje, um filme passa por minha memória dessa época: a maneira natural com que fui aceito no grupo escolar e o privilégio que tenho de, há quase trinta anos, ainda ter a amizade e contato com alguns professores e amigos daquela época. Acredito que o processo de Inclusão Escolar e Social tem muito mais chances de sucesso em cidades pequenas. Nesses lugares, ainda encontramos algo fundamental no coração das pessoas: amor e capacidade de auxiliar e incluir a todos nos mesmos círculos de relações. Tudo é natural.

Falando isso, estou me referindo a Lev Semionovitch Vygotsky (1896-1934), psicólogo bielo-russo, descoberto nos meios acadêmicos ocidentais depois da sua morte causada por tuberculose aos 37 anos. Pensador importante, foi pioneiro na noção de que o desenvolvimento intelectual das crianças ocorre em função das interações sociais e condições de vida. Em *Obras completas: Elementos da defectologia,* Vygotsky abordou de forma pioneira e sistemática assuntos relacionados à criança ou à pessoa com deficiência com grande significado, gerando ideias e um novo modo de ver tais questões, descrevendo que essas pessoas têm dois tipos de deficiências:

Deficiência primária: trata-se da deficiência propriamente dita — impedimento, dano ou anormalidade de estrutura ou função do corpo, restrição/perda de atividade, sequelas nas partes anatômicas do corpo, tais como órgãos, membros e seus componentes, incluindo a parte mental e psicológica com um desvio significativo ou perda.

Deficiência secundária: são as consequências, dificuldades e desvantagens geradas pela primária. Ou seja, tudo aquilo que uma pessoa com deficiência não consegue realizar em função de sua limitação. Uma situação de desvantagem às demais pessoas sem deficiência, podendo o indivíduo encontrar limitações na execução de atividades, restrições de participação ao se envolver em situações de vida em ambiente físico, social e em atitude na qual as pessoas vivem e conduzam sua vida.

O que é educação inclusiva 41

A partir dessa divisão, Vygotsky passou a defender que profissionais de saúde e educadores precisam focar suas atividades em ajudar a pessoa a superar suas deficiências secundárias e não as deficiências primárias. Concentrando atenção e estimulando as habilidades das pessoas com deficiência, podemos formar a base para o desenvolvimento de suas capacidades integrais. Partindo dos pressupostos gerais que orientavam a sua concepção do desenvolvimento de pessoas consideradas normais, Vygotsky focalizou o desenvolvimento da criança com deficiência, destacando-lhes os aspectos qualitativamente diversos, não apenas de suas diferenças orgânicas, mas principalmente de suas relações sociais. Por meio da análise de uma compreensão dialética do desenvolvimento, na qual os aspectos tidos como normais e especiais se interpenetram constituindo os sujeitos, afirmava que essas pessoas não são menos desenvolvidas em determinados aspectos que as sem deficiência e, sim, desenvolvem-se de outra maneira. Suas forças eram muito mais importantes do que suas lacunas.

Vygotsky rejeitava as descrições simplesmente quantitativas, em termos de traços psicológicos refletidos nos testes psicológicos, destacando que esses instrumentos apenas indicavam uma visão incompleta ou unidimensional sobre a criança. Preferia, então, confiar nas descrições qualitativas da organização de seus comportamentos.

Ao nascer ou adquirir algum tipo de deficiência, a criança passa a ocupar certa posição social especial, levando-a a ter relações com o mundo de maneira diferente das que envolvem as crianças ditas normais. Junto às suas características biológicas (núcleo primário da deficiência), a criança começa a constituir um núcleo secundário formado pelas relações sociais, nas quais as interações serão responsáveis pelo desenvolvimento das funções especificamente humanas, surgindo as transformações das funções elementares (biológicas). A criança, ao interagir com um mundo mediado por signos, transformará tais relações interpsicológicas em intrapsicológicas. Portanto, a consciência e as funções superiores se originaram na relação com os objetos e com as pessoas, assim como nas condições objetivas com a vida.

Vygotsky afirmava que uma deficiência física era, para o indivíduo, uma constante estimulação para o desenvolvimento mental. Se um órgão, devido a uma deficiência funcional ou morfológica, não é capaz de enfrentar uma tarefa, o sistema nervoso central e o aparato mental compensam a deficiência pela criação de uma superestrutura psicológica que permite superar o problema. Os conflitos surgem a partir do contato da deficiência com o meio exterior e podem criar estímulos para sua superação. Assim, as deficiências poderiam causar limitações e obstáculos para o desenvolvimento da criança, mas também estimulariam processos cognitivos comutativos. São o que ele intitulou de *efeitos positivos da deficiência*, caminhos isotrópicos que, no curso do desenvolvimento, permitem atingir determinados objetivos ou funções, marcando a singularidade do desenvolvimento da pessoa com deficiência. Embora o desenvolvimento apresente algum desvio fora da normalidade, seguindo caminhos especiais, para Vygotsky, as leis que regem o desenvolvimento cognitivo e psicológico dessa criança são as mesmas que guiam o desenvolvimento das crianças ditas normais.

O grau de normalidade depende de sua adaptação social. Vygotsky destacava em todo o seu estudo a deficiência não como obstáculo, mas como um desafio e processo criativo da luta do homem contra tudo que o limita.

Talvez conhecendo essa visão que Vygotsky descrevia sobre as crianças com deficiência, em que o grau de normalidade depende da adaptação social e que os *efeitos positivos das deficiências* podem estimular o desenvolvimento cognitivo e psicológico de seus alunos com necessidades especiais, os professores poderão diminuir suas ansiedades, que nada mais são que a falta de um conhecimento prévio.

Numa visão geral do pensamento de Vygotsky, podemos concluir que, culturalmente, sempre atribuímos uma série de qualidades negativas à pessoa com deficiência, focando principalmente as dificuldades de seus desempenhos, dado que pouco conhecemos das suas particularidades positivas. Mas, para Vygotsky, "é impossível apoiar-se no que falta a uma criança, naquilo que ela não é. Torna-se necessário ter uma ideia, ainda que seja vaga, sobre o que ela possui, sobre o que ela é". Enquanto profissionais de Psicologia, Educação ou áreas afins, precisamos perder essa cultura de focar a deficiência em si mesma, no que falta na pessoa, e buscar outros entendimentos de como se apresenta seu processo de desenvolvimento. Ter um conhecimento classificatório geral das deficiências é importante,

O que é educação inclusiva 45

mas também precisamos formar profissionais que consigam transpor além desse conhecimento teórico. Precisamos de psicólogos e pedagogos que: estudem como essas pessoas interagem com o mundo, como organizam seus sistemas de compensações (as trocas e as mediações que auxiliam na sua aprendizagem), a participação ou exclusão da vida social, a internalização dos papéis vividos, as concepções que têm sobre si mesmos e a sua história de vida, que são propostas lançadas já há muitas décadas por Vygotsky.

PESSOAS COM DEFICIÊNCIA INTELECTUAL

Embora eu já tenha especificado cada deficiência no capítulo anterior, decidi escrever este especialmente sobre os alunos com deficiência intelectual por acreditar ser o público que mais estimula os desafios desse processo, a começar pelo mito de que as pessoas com deficiência intelectual são mais carinhosas e dóceis; ou que são doentes, sendo que deficiência intelectual pode ser consequência de uma doença, embora seja apenas uma "condição". Mitos que dizem que são muito ou totalmente dependentes quando, na verdade, elas, se habilitadas para o trabalho e se já frequentaram uma escola regular e/ou instituição especializada que as preparou devidamente, podem ser totalmente independentes. Existem pessoas com síndrome de Down que são muito independentes: estudam, trabalham, andam sozinhas pelas ruas, casam-se, têm vida sexual ativa e ajudam a família. Outros mitos dizem que essas pessoas só têm "condições mentais" de trabalhar em oficinas abrigadas, dentro de instituições especializadas... Mitos que dizem que essas pessoas são eternas crianças, que são mais agressivas e/ou muito carinhosas ("grudentas"), quando, na verdade, a agressividade é uma forma de a pessoa administrar sua convivência na realidade, desenvolvida no período de sua história de vida. Há mitos, inclusive, que dizem que as pessoas com deficiência intelectual são "muito" inteligentes, na contramão da ideia de que elas necessitam de superproteção.

De forma geral, uma criança com alguma deficiência não é uma criança menos desenvolvida do que a criança sem deficiência. Como afirmava Vygotsky, ela é uma criança desenvolvida de outro modo. E aqui volto a falar desse teórico e de sua obra *Elementos da defectologia*, em que ele afirma que a especificidade da estrutura orgânica e psicológica é o que diferencia a criança com deficiência mental da criança sem esse déficit, não sendo propriamente proporções qualitativas. Ela é uma variedade singular de desenvolvimento e não uma variante quantitativa do tipo normal. Isso é um pouco complicado, mas explicarei ao longo deste capítulo, sendo que tudo o que direi está descrito na mencionada obra.

Em um aspecto Vygotsky concordava: a educação de crianças com deficiência intelectual apresenta maiores dificuldades em comparação com a dos cegos e surdos. Enquanto para esses dois últimos a educação é caracterizada por variedade de símbolos e o método de ensino, para a educação da criança com atraso mental é necessária a variação qualitativa do próprio conteúdo do ensino.

Pela visão interacionista do processo de desenvolvimento cultural, a criança assimila não só o conteúdo da experiência cultural, mas também os procedimentos da conduta cultural e do pensamento, ocorrendo o desenvolvimento das funções psicológicas superiores em quatro fases:

O que é educação inclusiva 49

- Formas culturais, primitivas, naturais ou mais primitivas da conduta (a percepção direta da quantidade, por exemplo).
- Psicologia ingênua: a criança acumula certa experiência a respeito da conduta cultural, mas não sabe utilizá-la.
- Atos externamente mediatizados: a criança utiliza corretamente os signos para realizar operações aritméticas (contar com os dedos, por exemplo).
- O signo externo é substituído pelo interno (contar mentalmente).

Por esse motivo, as anomalias do desenvolvimento cultural da criança com deficiência intelectual e a criança com outros tipos de deficiência consistem em que se detenham ou se "retardem" num tempo mais prolongado que as demais crianças em uma das fases enumeradas do desenvolvimento cultural. O problema da estrutura da criança com e sem deficiência está relacionado com a duração da infância e de suas diferentes fases, sendo que essa duração depende da complexidade do organismo e de sua conduta, assim como da complexidade e variabilidade do meio. O infantilismo — muitas vezes até mesmo sustentado por nós, adultos — consiste na alteração do ritmo e da reorganização qualitativa das funções psíquicas (pensamento, atenção, memória e mobilidade), em que a psique da criança conserva a organização de uma idade mais inicial. Com isso, atrasa-se a formação das formas complexas mediatizadas da conduta e origina-se a falta de desenvolvimento da personalidade, o que conduz à alteração de todos os tipos de atividades voluntárias.

Pela visão psicológica, não podemos negar a presença de processos criadores na criança com deficiência intelectual. Estes são frequentemente mais altos nesta do que na criança sem deficiência no que diz respeito à produtividade e à intensidade. Assim, Vygotsky recomendava que para julgar corretamente as possibilidades do desenvolvimento e o nível real da criança com deficiência é preciso ter em conta não só até que ponto ela pode falar, mas também até que ponto ela pode compreender. E isso faz toda a diferença quando um professor tem essa compreensão e leva esse conhecimento para a sala de aula. A investigação da criança com atraso intelectual deve fundamentar-se principalmente no teste qualitativo e não na determinação quantitativa de

O que é educação inclusiva 51

sua deficiência. Somente conhecendo os aspectos emocionais, volitivos e outros mais da criança, assim como o tipo geral de sua conduta social, poderemos abordar de modo correto a sua deficiência intelectual.

Vale insistir que não é correto tratar uma criança com deficiência intelectual pela sua idade mental porque o desenvolvimento insuficiente de suas funções psíquicas superiores pode ceder pela influência do tratamento pedagógico correto. Porém, quando o atraso mental tem uma deficiência patológica ou uma afecção do cérebro, então o núcleo da própria debilidade e todos os fenômenos relacionados se sobreporiam à influência pedagógica. Eles cedem somente à influência indireta, exercitadora e estimuladora constante.

No pensamento de Vygotsky, fica claro que os limites da peculiaridade do desenvolvimento da criança com deficiência em geral têm sido postos pela condicionalidade social desse desenvolvimento. Por isso, o estudo íntegro da personalidade infantil em sua interação com o meio circundante deve constituir a base de todas as investigações, compreendendo o atraso cultural que temos diante de nós, sua estrutura, importância e os mecanismos dos processos de formação dessa estrutura, o encadeamento dinâmico de seus diferentes sintomas que formam o quadro da deficiência. Assim, as funções motoras mais elevadas, ou seja, as funções superiores, são mais educáveis em comparação com as elementares porque elas não são filogenéticas (relações evolutivas da espécie), mas adquiridas na ontogênese (origem e o desenvolvimento de um organismo desde o ovo fertilizado até sua forma adulta).

A educação da criança com deficiência intelectual

O caráter concreto do pensamento e as ações das crianças com deficiência intelectual significam que qualquer coisa e qualquer acontecimento adquirem seu significado em dependência da situação da qual é parte inseparável. Por isso, qualquer abstração (o que é relacionado com o conceito, com a imaginação e com o irreal) é difícil. O processo educacional desses alunos dependerá de impressões concretas visuais em suas experiências. Porém, recomenda Vygotsky, a escola deve liberá-la do excesso de visualização que serve de obstáculo ao desenvolvimento

O que é educação inclusiva 53

do pensamento abstrato. Em outras palavras, a escola, além de adaptar-se às deficiências dessas crianças, deve lutar contra elas e vencê-las. Eu tenho um relato muito interessante sobre isso. Quando era aluno de Psicologia na Universidade do Sagrado Coração, em Bauru, havia quatro alunos com síndrome de Down cursando diferentes cursos superiores. Eles entraram, como todos, pelo processo seletivo do vestibular, competindo de igual para igual. Um deles, uma moça, cursava Artes Plásticas e começou a ter dificuldades com matérias muito teóricas, como História da Arte e outras. O conselho da Universidade e a coordenação do curso decidiram substituir essas matérias teóricas por outras práticas. Ela deslanchou muito bem no curso e nas notas. Havia até uma curiosidade entre todos, se um dia ela chegaria a ser professora de Artes. Eu não tenho dúvidas de que ela chegou.

Vygotsky era enfaticamente contra a escola especial. Dizia que a parte da particularidade e da peculiaridade dos meios aplicados por elas, o caráter criador que faz dessa escola normal uma instituição de compensação social e de educação social, e não uma escola de "deficientes mentais" que impõe a eles adaptarem-se à deficiência e não a vencerem, apresenta-se como momento necessário do problema da deficiência prática.

Como eu disse no capítulo anterior, por meio da Inclusão Escolar cria-se um sistema de cooperação e convivência entre eles, noções de respeito entre as diferenças e, dentre outros aspectos, o desenvolvimento psicomotor dessas crianças. Isso porque quando elas veem seus colegas sem deficiência realizando certas tarefas são estimuladas à imitação e se estimularão, superando suas próprias deficiências. Estímulos que não teriam se ficassem em instituições especializadas e entre alunos com deficiências semelhantes. Essa orientação mais ampla em direção das crianças sem deficiência deve servir de ponto de partida de nossa revisão da Pedagogia Especial. Os conhecimentos especiais para os cegos, surdos e pessoas com deficiência intelectual, bem como os métodos elaborados para o ensino devem estar subordinados à educação geral. É um erro pensar que os princípios do ensino estabelecidos pela Pedagogia Geral aplicáveis à educação da criança sem deficiência não possam ser transferidos para a esfera da educação de crianças com atraso mental.

Nesse contexto, a educação da criança com deficiência intelectual profunda não pode ser apoiada totalmente na

O que é educação inclusiva 55

formação de hábitos que atuam automaticamente de um modo reflexo e nem ser reduzida à formação dos reflexos condicionados nos três primeiros decisivos anos de vida, uma vez que o desenvolvimento infantil é maior e máximo no início. Se possuírem rudimentos de pensamento, a linguagem humana e as formas primitivas de trabalho devem e podem receber da educação outra coisa qualitativamente distinta que não sejam simplesmente hábitos automáticos, podendo beneficiar-se com a adaptabilidade social.

A orientação em direção à norma e à eliminação de tudo o que agrava uma deficiência física, sensorial ou intelectual constitui a tarefa da escola em que, segundo Vygotsky, essas crianças devem encontrar no ensino geral a politecnização, sendo este o princípio principal e fundamental de todo o trabalho educativo. A educação politécnica coloca elevadas exigências que levam ao desenvolvimento intelectual das funções superiores pelo seu grau máximo de educação, substituindo o treinamento das funções principalmente elementares da Pedagogia terapêutica antiga.

Vygotsky via a escola especial como minimizadora de aspirações que, no melhor dos casos, tem um programa reduzido da escola comum, limitando o desenvolvimento e pondo em dúvida a possibilidade de ensino posterior e adaptação, acomodando-se e adaptando-se à deficiência da criança. Como ela apresenta dificuldades para o pensamento abstrato, a escola especial exclui de seu material tudo o que exige esforço desse tipo de pensamento e fundamenta o ensino no caráter concreto e na visualização. Pela dificuldade de dominar o pensamento abstrato, a escola deve desenvolver essa habilidade por todos os meios possíveis, até mesmo utilizando o material visual como apoio, pois a tarefa da escola não é adaptar-se ao defeito, mas vencê-lo.

O foco da educação de pessoas com deficiência intelectual deve ser na tentativa de dar o reflexo das relações entre os fenômenos fundamentais da vida (natureza, trabalho e sociedade), desenvolver a concepção científica do mundo e formar nelas uma atitude consciente diante da vida. É fato estabelecido e comprovado a capacidade de trabalho da grande maioria desses alunos, tanto na esfera mais complexa de trabalho quanto na do intelecto prático.

O documento da Unesco "Understanding and responding to children's needs in inclusive classrooms" diz que, para se trabalhar com alunos com deficiência intelectual, os professores podem realizar algumas adaptações na sala

O que é educação inclusiva 57

de aula que contribuirão para o bom andamento do trabalho pedagógico. Reduzir distrações, manter a mesa limpa com crianças que mostram inclinação para irem de um lado para outro, fazê-los sentar junto à parede tendo crianças maiores perto delas. O professor pode também dar tarefas a esses alunos que permitam que se movimentem, de modo que essa movimentação não seja um transtorno, por exemplo, fazer a entrega de papéis, blocos de anotações e materiais.

Procurar recrutar um voluntário que venha para a sala de aula certos dias, a fim de propiciar ajuda a cada uma das crianças ou, então, pedir ao voluntário que trabalhe com o resto da classe, de modo que o professor possa trabalhar com a criança em alguns reforços de conteúdo. Procure arranjar tempo para trabalhar com a criança na base de um-para-um, mesmo que seja por períodos curtos, por exemplo, quando as outras estiverem ocupadas com outras tarefas. Durante este tempo, procurar reduzir distrações, como o barulho, e remover objetos que não sejam necessários para a lição.

Professores bem-sucedidos em relação a alunos com deficiências intelectuais em suas salas de aula são também, invariavelmente, educadores de extenso conhecimento humano e pedagógico, com uma visão do mundo clara e abrangente, aceitando a diversidade humana em suas múltiplas formas como mais uma fonte instigante de crescimento pessoal e como educadores que são. E, segundo a Unesco, "para esse tipo de professor não há dia sem sol nem tarefa impossível de executar".

Esse mesmo documento da Unesco recomenda ao professor mostrar à criança o que deseja que ela faça em vez de simplesmente dizer a ela o que quer. Esse tipo de professor usa palavras simples quando dá instruções, observando se a criança entendeu. Utiliza objetos verdadeiros que a criança possa sentir e manejar em vez de fazer trabalho com papel e lápis. Procura ligar as lições às experiências e à vida diária da criança, realizando uma atividade de cada vez, completando-a. Outras dicas para o professor: deixar claro quando uma criança tiver terminado e a outra estiver começando e dividir a tarefa em passos pequenos ou objetivos de aprendizado, fazendo com que ela comece com o que é capaz de fazer antes de passar para um passo mais difícil, voltando para uma etapa mais fácil se as crianças encontrarem problemas.

Por exemplo, ao aprender a desenhar um círculo, a criança pode colorir essa forma e, a seguir, o professor pode solicitar que ela junte os pontos para fazer uma forma ou, então, a criança pode copiar as formas de uma amostra e assim por diante. É fundamental oferecer muitos elogios e encorajamento quando a criança se sair bem em todas as etapas.

No planejamento pedagógico, permitir às crianças uma prática extra na execução da tarefa — isto algumas vezes é chamado de "superaprendizado" —, garantindo que elas tenham dominado a habilidade, aumentando a confiança delas. Enquanto professor, ser razoável, pois muitas pessoas com deficiência intelectual lembram seus dias de escola como sendo repletos de atividades feitas repetidamente, sempre as mesmas coisas e sem nunca terem aprendido coisas novas.

As crianças precisam praticar a habilidade com materiais diferentes, por exemplo, ler palavras quando estão escritas em cartões (*flash cards*) ou em folhas de exercício e livros. A escrita pode ser praticada sobre areia, com pintura de dedos, com *crayons*, lápis e caneta. Isso se chama generalizar o aprendizado da criança.

A organização da classe também pode ajudar muito e, por isso, deve-se colocar as crianças em pares, de modo que o colega possa ajudar a focar a atenção da criança e ajudá-la nas atividades dadas à classe. A criança precisa ter como pares alunos mais capazes. Quando estes tiverem terminado seu trabalho, podem ajudar a criança mais vagarosa com a tarefa. Distribuir tarefas que possam contribuir para elevar nível das crianças, trabalhos em conjunto e tarefa designada. Distribuir tarefas para o grupo todo, nas quais os outros estudantes dependam da contribuição dada pela criança com deficiência intelectual. Pode-se pedir a outros alunos que ajudem a criança na hora do recreio, no uso de banheiro e assim por diante. No caso de tarefas individuais, ter sempre algumas atividades de que a criança gosta e possa resolver por si só, de modo que assim não perturbe as demais.

Sobretudo, o professor não deve dar atenção ao comportamento indesejável se a criança estiver fazendo isso para conseguir atrair sua atenção. Oferecer elogio e atenção somente quando o comportamento da criança for aceitável. Isso é o que a Psicologia behaviorista chama de reforço positivo (ou reforçador), pois é a consequência de um comportamento que se mostra capaz de alterar a frequência

O que é educação inclusiva 61

desse comportamento, tornando-o mais provável. Reforços são estímulos que incentivam um determinado comportamento e são opostos à punição.

INCLUSÃO NOS PRIMEIROS ANOS DE VIDA
IV

É possível a Inclusão Escolar já nos anos iniciais da criança com deficiência? Digo que é possível, sim, e também que ela pode ser a base para o sucesso escolar de todos os anos posteriores! Isso porque a criança é livre de qualquer preconceito e disposta a incluir qualquer pessoa em seu mundo. E, convivendo desde pequena com coleguinhas com necessidades educacionais especiais, ambas aprenderão a conviver naturalmente e crescerão numa convivência sem problemas e de trocas mútuas. Por meio da Educação Infantil, ocorre o desenvolvimento global do ser humano, tenha ele ou não deficiência, possibilitando o desenvolvimento e a aprendizagem na infância, período em que o indivíduo se organiza no mundo.

Abrindo um parêntese, os profissionais da área da Educação Infantil têm discutido com muita propriedade o caráter que o atendimento à clientela de 0 a 6 anos deve assumir: atendimento com caráter tutelar, orientado para o cuidado com a criança nos aspectos relativos à segurança, higiene, alimentação e aquisição de hábitos ou atendimento com caráter educativo. Surge a questão: cuidar ou educar na Educação Infantil?

Cuidar está associado às necessidades do corpo — sono, fome, sede, higiene, dor —, dar condições de sobrevivência às populações desprivilegiadas. Educar está associado às possibilidades da mente, o desenvolvimento do intelectual. Hoje, há como desafio para a Educação Infantil redefinir os dois termos e condensá-los na meta de mediar o desenvolvimento sociocultural dos alunos desde seus primeiros anos de vida. Um trabalho pedagógico unindo essas duas ações permitirá a criação de um ambiente em que a criança sinta-se segura e acolhida em sua maneira de ser, um ambiente em que ela poderá trabalhar de forma adequada suas emoções, construir hipóteses sobre o mundo e elaborar sua identidade. Se uma creche e/ou escola de educação infantil tiver essa mentalidade política pedagógica, já teremos um ambiente propício para que as inclusões escolares ocorram com sucesso. Teremos professores planejando atividades com o cuidado de envolver a todos, professores que se apropriem criticamente das teorias sobre o desenvolvimento humano, examinando o contexto concreto em que as crianças vivem e as múltiplas formas como as culturas atuam na promoção do seu desenvolvimento.

A Inclusão Escolar do aluno com deficiência exige que a educação, de maneira geral, reveja seu papel, fundamentando-se no princípio da educação como o direito social de todo cidadão brasileiro. Isso permitiu a ampliação do debate e da reflexão sobre a diversidade humana nas dimensões sociais e, ao mesmo tempo, das diferenças e necessidades individuais. A Educação Infantil não pode fugir dessa responsabilidade, devendo permitir a mudança de ideias, atitudes e práticas nos âmbitos político, pedagógico e administrativo, gerando mudanças paradigmáticas na sociedade como um todo.

Numa creche ou escola infantil inclusiva, há de se pensar na importância do planejamento, garantindo um ambiente estimulante de aprendizagem e desenvolvimento para todas as crianças. Uma vez que elas passam grande parte do seu tempo nesses locais, temos que considerar a implantação de formas de complementar as necessidades da criança pequena, tenha ela uma necessidade educacional especial ou não. Nesse contexto de interações devem estar a oportunidade de todas participarem das brincadeiras e jogos, escolhendo os seus parceiros e outros recursos, de participarem das combinações de regras de convivência em grupo, da escolha de materiais e do espaço, se isso for pertinente. Com isso, a criança aprende a cuidar do material de uso individual ou coletivo, aprende a dialogar como forma de lidar com os conflitos, aprende a escolher com autonomia ao ter suas decisões respeitadas e apoiadas pelos adultos, aprende a realizar algo sozinha ou com pouca ajuda de outras pessoas. E, relacionando-se com os colegas e adultos, demonstra suas necessidades, interesses, gostos e preferências. A valorização das ações de cooperação e solidariedade, o desenvolvimento de atitudes e a ajuda na colaboração e compartilhamento de suas vivências nascem da convivência coletiva.

Eu poderia dar aqui inúmeras sugestões de atividades inclusivas, mas acredito que, em se tratando de creches e/ou escola infantil, nenhuma é tão enriquecedora quanto o ato de brincar. Pular, correr, cantar, dançar e outras são ações importantes na formação das crianças por envolverem movimentos simultâneos e trabalharem com o equilíbrio, contribuindo com o desenvolvimento e a expressão corporal. Nesse planejamento, deverá haver atividades lúdicas com o objetivo de oferecer às crianças um ambiente agradável, motivador, planejado e enriquecido. E, uma vez que as atividades lúdicas são a base das atividades intelectuais dos pequenos, elas são essenciais para a prática pedagógica, facilitando o aprendizado do conteúdo maçante, que passa a ser transmitido pela ludicidade (iniciação à alfabetização, aos números, às cores e formas).

Por meios dos brinquedos, ocorrerá uma interação e aceitação natural entre crianças com e sem necessidades educacionais especiais. Esses brinquedos devem ser variados: brinquedo de observação (a criança olha apenas como espectador), brinquedo paralelo (duas crianças brincam juntas com o mesmo objeto), brinquedo associativo (elas interagem e compartilham o material) e brinquedo cooperativo (os pequenos dividem e desempenham papéis direcionados a objetos comuns, ajudam-se mutuamente ou até mesmo em jogos de grupo com regras). Esses jogos podem ser *estruturados*, levando o aluno a se estruturar, visando alcançar um objetivo, vivenciar situações explícitas ou implícitas, buscar um espaço específico para o jogo, materiais adequados e etc., assim como *livre*, ou seja, quando a criança seleciona tanto o jogo quanto o objeto do brinquedo de forma espontânea.

Olhando os teóricos da Psicologia e Pedagogia, Piaget afirmava que os jogos são essenciais na vida da criança, um exercício em que ela repete uma determinada situação por puro prazer, por ter apreciado seus efeitos. Em torno dos 2 aos 6 anos, nota-se a ocorrência dos jogos simbólicos que satisfazem a necessidade da criança de não somente relembrar mentalmente o acontecido, mas de executar a representação. Em período posterior, surgem os jogos de regras, os quais são transmitidos socialmente de criança para criança e, por consequência, vão aumentando a importância de acordo com o progresso de seu desenvolvimento social. Para Piaget, os jogos constituem expressões e criam condições para o desenvolvimento infantil, já que as crianças, quando jogam, assimilam e podem transformar a realidade.

Para Vygotsky, uma vez que a criança usa as interações sociais como formas privilegiadas de acesso a informações, ela aprende a regra do jogo, por exemplo, por meio dos outros e não como o resultado de um engajamento individual na solução de problemas. Dessa maneira, aprende a regular seu comportamento pelas reações, quer elas pareçam agradáveis ou não. Esse último autor via no brinquedo a criação de uma Zona de Desenvolvimento Proximal (ZDP) na criança, sendo a escola o lugar em que a intervenção pedagógica intencional desencadeia o processo de ensino-aprendizagem. O professor tem o papel explícito de interferir no processo, diferentemente de situações informais, nas quais a criança aprende por imersão num ambiente cultural — tenha ela uma deficiência ou não. Portanto, é papel do docente provocar avanços nos alunos, e isso se torna possível com sua interferência na ZDP — que significa a área mediada entre aquilo que o aluno já sabe e a aproximação com o conteúdo que ele irá aprender. Ao observar a ZDP, o educador pode orientar o aprendizado no sentido de adiantar o desenvolvimento potencial de uma criança, tornando-o real. Nesse ínterim, o ensino deve passar do grupo para o indivíduo. Em outras palavras, o ambiente influenciaria a internalização das atividades cognitivas no indivíduo, de modo que o aprendizado gere o desenvolvimento. Portanto, o desenvolvimento mental só pode realizar-se por intermédio do aprendizado.

Vygotsky afirma a influência do brinquedo no desenvolvimento de uma criança pelo qual ela aprende a agir numa esfera cognitiva em vez de numa esfera visual externa, dependendo das motivações e tendências internas, e não por incentivos fornecidos por objetos externos. Se as brincadeiras estiverem de acordo com a ZDP, a criança encontrará estímulos para o desenvolvimento e para ir além.

Vygotsky sempre enfatizou a importância do professor no processo de aprendizagem de qualquer criança, tenha ela uma necessidade educacional especial ou não. São inúmeras as atividades que poderão contribuir de forma significativa para o desenvolvimento e a aprendizagem dos alunos com necessidades educacionais especiais, mas são atividades que precisarão ser planejadas e supervisionadas de maneira apropriada. Por meio dos jogos, por exemplo, poder-se-á trabalhar com a aquisição de conceitos, auxiliando alunos com problemas de aprendizagem na construção do conhecimento de forma mais segura.

As atividades artísticas — desenho, artes plásticas, música, dança, teatro — são fortes ferramentas de Inclusão Escolar em qualquer nível de ensino, começando pelas séries iniciais, um resgate da importância humana, criativa e expressiva desses cidadãos valorizados por meio de uma humanidade com consciência plural e social, acreditando principalmente em nossa própria capacidade de ser gente e em nossa tarefa de educadores. O processo artístico, em qualquer circunstância, oferece meios de realização no sentido de procura de experiências novas e ricas, ampliando o campo dos valores e dando um cunho mais dinâmico à existência individual. Mas, infelizmente, elas ainda não têm sido utilizadas em todo o seu potencial na educação. Um ensino pela arte pressupõe um nível de realização que inquire o real, desenvolve a crítica, dá intensidade e valor à consciência do ser humano, treina os sentimentos e desenvolve a empatia. Há uma procura do desconhecido, do imponderável, que busca um aprofundamento em si mesmo, dentro da qualidade vital, desenvolvendo sensibilidade, imaginação, criatividade do ser humano, possibilitando-lhe, ainda, um crescimento em termos de visão estética, emocional e intelectual do seu mundo. Esses objetivos, expressivos pela sua natureza, implicam um fazer e um pensar que fogem do rotineiro caminho do ensino tradicional. Existe aqui, implícita, uma dinâmica pedagógica que afeta a própria dinâmica da instituição escolar e os próprios professores, e por isso que esse desenvolvimento não é de maneira alguma fácil, pois ele, em si mesmo, é um propósito de qualidade experiencial.

O fazer artístico coloca como principal esforço a singularidade de cada pessoa, sendo um princípio básico e fundamental da boa educação pela arte, no qual cada estudante observa e descobre por si mesmo suas próprias forças, inclinações, possibilidades e limitações. O ensino da arte está íntima e fundamentalmente envolvido com os sentidos humanos. As respostas imaginativas e perceptivas implicam ouvir, tocar, sentir e degustar melhor o mundo físico, o qual é o estimulador que nos rodeia. Pode ocorrer no fazer artístico o aprimoramento da sensibilidade que adquire, além dos aspectos reais, um sentido altamente simbólico que abre novas perspectivas criadoras para os seres humanos. Estabelece-se uma íntima relação entre os sentidos perceptivos e, compreendendo essa percepção, ampliam-se a sensibilidade e a imaginação como uma expansão do horizonte pessoal.

Uma questão que acho fundamental para já se trabalhar desde os primeiros momentos educacionais de uma criança é não permitir a criação de apelidos ou rótulos aos coleguinhas. O próprio professor deve dar o exemplo, tratando cada aluno por seu primeiro nome próprio, pois isso é o reconhecimento da primeira marca de singularidade da criança, uma identificação progressiva de algumas características próprias e das pessoas com as quais se convive no cotidiano em situações de interação.

MUDANÇAS ARQUITETÔNICAS E O PAPEL DO PROFESSOR

Além das mudanças culturais, pedagógicas e de atitude, uma escola inclusiva precisará de mudanças arquitetônicas. O ambiente físico da escola, tanto da criança com deficiência física quanto da criança com deficiências múltiplas, tem de ser mais acolhedor, com mobiliário adequado, como cadeiras, mesas, balões, bebedouros, quadros de avisos, equipamentos etc. Os cadeirantes precisarão ter a liberdade de se movimentar por todo o edifício: entrada principal, salas de aula, sanitários, pátios, quadras, parques, bibliotecas, laboratórios, cantinas, refeitórios, dentre outros. Isso pode ser resolvido basicamente com o acesso facilitado por portas e corredores de 80 cm, construção de rampas com inclinação adequada (que aqui no Brasil são regulamentadas pelas normas da ABNT), rampas com corrimãos e mureta para impedir que a cadeira caia, além de elevadores, sempre que possível, e pisos antiderrapantes. Os banheiros também são importantes, apresentando sempre cores contrastantes para permitir o fácil reconhecimento, assim como dimensões adequadas e sanitários que permitam entrar e fazer a volta com a cadeira de rodas. Além disso, é importante os vasos do sanitário serem adequados à altura da cadeira, que as pias permitam que a cadeira seja encaixada, que haja manuseio confortável da torneira, porta sem mola que abra para fora e também com indicação de feminino ou masculino.

Outros espaços também deverão ser transformados. As bibliotecas precisam ter um acesso físico sem desnível ou catracas, com mesas em que as cadeiras de rodas possam ser encaixadas, acesso virtual via computador e internet, acervo em braille, fitas cassete e CD-Rom, serviço de orientação estimulante e adequado às necessidades dos diversos tipos de usuários, prazos prolongados para devolução, cartões de

O *que é educação inclusiva* 75

autorização para que terceiros retirem e devolvam livros, assistentes para acesso ao acervo, assistentes para leitura (leitores de livros para cegos), lupas ou lentes de aumento, intérprete de Língua Brasileira de Sinais, sala de vídeo com televisores datados de sistema de legendas ocultas para usuários surdos. Os pátios não devem ter degraus ou qualquer outro tipo de obstáculo à circulação de pessoas em cadeira de rodas. Nas creches e escolinhas, os parques infantis devem eliminar as barreiras que dificultam o acesso dos alunos com locomoção reduzida (degraus, areia fofa em todo o solo, desníveis de um brinquedo para o outro etc.).

Entretanto, para que se ocorra a Inclusão Escolar não basta apenas fazer adaptações físicas, as chamadas eliminações das barreiras arquitetônicas. Esse projeto pedagógico precisará oferecer atendimento educacional especializado paralelamente às aulas regulares, de preferência no mesmo local. Por exemplo, uma criança cega deverá assistir às aulas com os colegas que enxergam e, no contraturno, receberá treino de mobilidade, locomoção, uso da linguagem braille e de instrumentos como o *soroban* para fazerem operações matemáticas. As escolas precisarão de salas especiais para terapia física e ocupacional, equipadas com os materiais necessários usados para o tratamento de deficiências musculares e para o aperfeiçoamento da coordenação motora. Além disso, cadeiras especiais e mesas recortadas para ajudar a criança a levantar-se e a sentar-se precisam ser equipamentos comuns da sala, sendo que, às vezes, tal equipamento tem de ser feito para atender apenas uma criança, se o médico encarregado recomendar apoios especiais numa cadeira ou mesa. Paralelo às modificações necessárias no ambiente físico em geral, o professor precisará de numerosos equipamentos e recursos para o uso na instrução. Objetos especiais como cavaletes de livros para crianças que não conseguem segurá-los, projetores voltados ao teto camas, máquinas de escrever elétricas ou computadores com controle remoto para crianças que ficam na cama, camas portáteis para períodos especiais de repouso e assim por diante. Algumas vezes, serão necessários equipamentos especiais que serão obtidos somente quando houver necessidade específica para isso.

Por outro lado, a criança e o jovem com deficiência também precisam ser preparados e acompanhados no processo de Inclusão pelo fato de entrarem, digamos, num universo diferente do deles. Estando preparados, eles poderão adaptar-se mais facilmente ao meio e tornar-se "maduros" para enfrentar desde pequenas frustações quanto aos extremos casos de rejeição e fracasso do processo inclusivo, gerando outros problemas, principalmente na parte psicológica. Infelizmente, as notícias de rejeição ou fracasso desse processo são constantes, principalmente por falta de preparo correto de todas as partes. Talvez seja a falta de amadurecimento do nosso sistema educacional. Muitas escolas públicas alegam não receber verbas governamentais e apoio pedagógico para promoverem a Inclusão. Elas, contudo, podem e devem fazer parcerias com entidades de Educação Especial, as quais estão disponíveis na maioria das cidades, pois contarão com um serviço especializado. E isso pode ser muito positivo, pois uma gama de profissionais pode ser capaz de ajudar os professores caso estes estejam dispostos a tanto. Os fonoaudiólogos podem orientar sobre atividades e ajudar as crianças a adquirir e desenvolver linguagem, a aprender meios alternativos de comunicação e melhorar a fala. Os fisioterapeutas têm condições de sugerir atividades que ajudem a coordenação motora. Os terapeutas ocupacionais são treinados para ajudar em habilidades funcionais, como comer e vestir-se, além de elaborarem ou recomendarem auxílios especiais para ajudar a criança com limitação física a sentar-se ou se alimentar por si. Já os psicólogos têm condições de ajudar nos programas de ensino e nas maneiras de gerenciar o comportamento das crianças. Os assistentes sociais podem orientar com aconselhamento à família e apoio. Os professores especializados podem orientar como elaborar programas de aprendizado com notas numa gama de matérias escolares. Em todo caso, o ideal seria que esses profissionais fossem até a escola e à casa da criança, de modo a trabalharem diretamente com a criança, os professores e os pais, o que já é um projeto em tramitação no Brasil.

Muitas dessas crianças com necessidades educacionais especiais, principalmente das creches ou escolas de educação infantil, podem ser beneficiadas com uma *estimulação precoce* — prestação de serviços educativos, terapêuticos e sociais. Quanto mais cedo se iniciar a intervenção, maior será o potencial de desenvolvimento da criança. Essa *estimulação essencial* — como também é chamada — proporcionará apoio e assistência à família nos momentos mais críticos, trazendo benefícios para todas as crianças com atraso no desenvolvimento neuropsicomotor: crianças com deficiências múltiplas, síndrome de Down, sequelas motoras, paralisia cerebral, autismo e até mesmo com deficiência auditiva ou visual podem melhorar muito seu desempenho, ampliando a sua capacidade de interação com o mundo.

O papel do professor

É preciso que estratégias sejam traçadas, passando pelo preparo de professores e alunos sem deficiência para receberem colegas com deficiência e desenvolvendo políticas de Inclusão Escolar com o seguinte planejamento: conhecer os perfis dos alunos a serem incluídos, suas necessidades reais, desenvolver estudos para gerar conhecimento acerca das práticas e procedimentos que melhor atenderão às suas peculiaridades, necessidades e possibilidades, desenvolver um projeto pedagógico consistente com todos os dados colhidos e que valorize a cultura, a história e as experiências de todos.

Falar em Inclusão Escolar também esbarra em questões culturais e/ou de comodismo. O conceito que um professor tem de um aluno com deficiência pode determinar o modo de relação e trabalhos entre ambos. O educando, antes de sua deficiência e de ser alguém com necessidades educacionais especiais, precisará ser visto como uma pessoa que tem desejos, expectativas e dificuldades. Uma avaliação de repertório funcional deve ser apoiada em três diretrizes básicas, garantindo ao aluno: independência pessoal, independência social e sobrevivência. E, para alcançar essas diretrizes, há alguns pontos fundamentais. Entre esses pontos, o professor deve acreditar que é capaz de promover o crescimento do aluno e da classe a que pertence, possibilitando que seus alunos entendam suas dificuldades e organizem-se para resolvê-las. O professor também deve estabelecer metas e cumpri-las, tendo em vista o objetivo geral: tornar o aluno cada vez mais independente e possivelmente produtivo. Num trabalho conjunto, o professor também deve envolver a família e o grupo de alunos para que comunguem juntos os mesmos objetivos e que entendam que a sua participação é importante no processo, tanto no sentido de implantá-lo como de mantê-lo, visando generalizar sua adequação para outras áreas de convivência do aluno. Esse aluno deve estar motivado para aprender, entendendo o seu papel ativo no processo, sendo ele alguém que chega à escola cheio de anseios, dúvidas e a estima, algumas vezes, prejudicada, inserido num contexto, tentando entender as relações presentes no mesmo. O professor, por sua vez, deve conscientizá-lo de que pode ajudá-lo, mas que o seu envolvimento com a aquisição de novos repertórios é fator importante para que o processo educacional tenha êxito.

Na contramão, a escola tem seus paradigmas em classificar "alunos regulares" e "alunos especiais". Quebrar tais paradigmas, destruindo uma imagem e conceito de "aluno padrão" e nivelando todos por igual sem rótulos, já será uma mudança cultural, um grande passo para se tornar uma Escola Inclusiva. Aliás, uma escola realmente para todos, sem substantivos que façam dela um exemplo a ser seguido.

A escola não é algo acabado, estático. Como todo segmento da sociedade tem que estar em constante transformação, revendo suas ações pedagógicas, adaptando-se aos novos tempos para sempre somar e nunca excluir. Ser um espaço comum de cidadania, de livre exercício político e de espaço público de manifestações das diferenças, incorporando todos os valores sem promover hierarquias.

A política de Inclusão Escolar também esbarra em questões das nossas leis educacionais, embora essas mesmas tenham, nos contextos, aberturas para o chamado "ensino para todos", independentemente da capacidade de cada aluno. Infelizmente, temos no Brasil uma educação padronizada, um currículo escolar com diretrizes únicas para todas as regiões. Nossos métodos de avaliação procuram nivelar todos por igual, exigindo o alcance de notas, não dando aos alunos a liberdade para aprender em seu ritmo e de acordo com as suas condições, tenham eles uma deficiência ou não. Nivelando todo o alunado por igual, esses métodos não levam em conta, na hora da avaliação, alguns pontos que a Lei de Diretrizes e Bases da Educação Nacional (LDBEN) determina: a) a organização em turmas não precisa ser feita com base no rendimento, ao contrário, pode ser feita de acordo com critérios muito amplos, inclusive idade, afinidade por projetos etc.; b) escrita, leitura e cálculo (quatro operações) são objetivos a serem alcançados até o final do Ensino Fundamental, portanto, aluno nenhum poderia ser impedido de prosseguir porque ainda não aprendeu isso até os chamados terceiros ou quartos anos; c) a avaliação é válida para conhecer o aluno e seus progressos, possibilitando a identificação do que ainda precisa ser mais bem-trabalhado e não para rotular crianças; d) há total liberdade quanto à forma de avaliação, logo, ela pode ser feita com base em relatórios bimestrais, semestrais etc. e não necessariamente com base em notas.

O PROJETO PEDAGÓGICO, AS ADAPTAÇÕES CURRICULARES E AS RELAÇÕES NA SALA DE AULA INCLUSIVA

VI

Um bom ambiente escolar passa necessariamente pelas questões básicas das características que deve ter uma Sala de Aula Inclusiva. Entre elas estão as estratégias metodológicas e ações pedagógicas, permitindo aos alunos o acesso igualitário a um currículo básico, rico e uma práxis pedagógica de qualidade. É necessário que os planos para incluir alunos com necessidades educacionais especiais estejam presentes no Projeto Político-Pedagógico (PPP), já que toda escola deve ter definidos para si mesma e para sua comunidade escolar uma identidade e um conjunto orientador de princípios e de normas, os quais iluminem a ação pedagógica cotidiana com sua perspectiva estratégica, não apenas sua dimensão pedagógica. Esse PPP é uma ferramenta gerencial que auxilia na definição das prioridades estratégicas, e como converter as prioridades em metas educacionais e outras concretas, decidir o que fazer para alcançar as metas de aprendizagem, medir se os resultados foram atingidos e avaliar o próprio desempenho. Diferenciando-se do *planejamento pedagógico*, o PPP é o conjunto de princípios que norteia a elaboração e a execução dos planejamentos, envolvendo diretrizes mais permanentes e bem definidas, evitando a improvisação, o serviço malfeito, a perda de tempo e de dinheiro. Saber o que se pretende e o que deve ser feito para se chegar aonde se deseja aumenta a segurança da escola, pois esta passa a escolher as melhores estratégias para facilitar seu trabalho, o qual está fundamentado no Projeto que norteia toda Unidade Escolar, buscando um ideal comum: fazer com que todos os alunos aprendam. Pensar um projeto de educação de forma inclusiva significa pensar o tipo e qualidade de escola, a concepção de homem e de sociedade que se pretende construir.

Teremos nas *Adaptações Curriculares* um conjunto de modificações que se realizar nos objetivos, conteúdos, critérios e procedimentos de avaliação, atividades e metodologias para atender às diferenças individuais dos alunos. Essas adaptações são feitas em dois grupos: Adaptações Metodológicas e Adaptações Didáticas, que consistem nos seguintes procedimentos: situar alunos nos grupos com os quais possam trabalhar melhor; adotar métodos e técnicas de ensino-aprendizagem específicas para o aluno na operacionalização dos conteúdos curriculares e sem prejuízo para as atividades docentes; utilizar técnicas, procedimentos e instrumentos de avaliação da classe quando necessários, isso sem alterar os objetivos da avaliação nem seu conteúdo; propiciar apoio físico, visual, verbal e gestual ao aluno impedido temporária ou permanentemente em suas capacidades, de modo a permitir a realização das atividades escolares e do processo avaliativo, apoio oferecido pelo professor regente, professor de sala de recursos, professor itinerante ou pelos próprios colegas; introduzir atividades individuais complementares para o aluno alcançar os objetivos comuns aos demais colegas, as quais possam ser realizadas na própria sala de aula, na sala de recursos

O que é educação inclusiva 87

ou por meio do atendimento itinerante, devendo estas ser realizadas de forma conjunta com os professores regentes das diversas áreas, a família ou os colegas; introduzir atividades complementares específicas para o aluno, individualmente ou em grupo, as quais possam ser realizadas nas salas de recursos ou por meio do atendimento itinerante; eliminar atividades que não beneficiem o aluno ou restrinjam sua participação ativa e real ou, ainda, as que ele esteja impossibilitado de executar; suprimir objetivos e conteúdos curriculares que não possam ser alcançados pelo aluno em razão de sua deficiência, substituindo-os por outros acessíveis, significativos e básicos.

Nas adaptações nos Conteúdos Curriculares no Processo Avaliativo deve-se: adequar os objetivos, conteúdos e critérios de avaliação, modificando-os de modo a considerar, na sua consecução, a capacidade do aluno em relação ao proposto para os demais colegas; priorizar determinados objetivos, conteúdos e critérios de avaliação; dar ênfase a objetivos concernentes à(s) deficiência(s) do aluno, não abandonando os objetivos definidos para o seu grupo, mas acrescentado aqueles relativos às complementações curriculares específicas, minimizando suas dificuldades e desenvolvimento do seu potencial; mudar a temporalidade dos objetivos, conteúdos e critérios de avaliação de desempenho do aluno em Língua Portuguesa na modalidade escrita e considerar que o aluno surdo pode alcançar os objetivos comuns do grupo num período mais longo de tempo. Deve-lhe ser concedido o tempo necessário para o processo de ensino-aprendizagem e para o desenvolvimento das suas habilidades, considerando a deficiência que possui. Por meio dos critérios de avaliação correspondentes, pode-se verificar a consecução dos objetivos propostos ao longo do ano letivo ou, então, pelo período de duração do curso frequentado pelo aluno. Introduzir conteúdos, objetivos e critérios de avaliação e acrescentar esses elementos na ação educativa podem ser indispensáveis à educação do surdo. O acréscimo de objetivos, conteúdos e critérios de avaliação não pressupõe a eliminação ou redução dos elementos constantes do currículo oficial referente ao nível de escolarização do aluno.

As adaptações curriculares devem ser precedidas de uma rigorosa avaliação do aluno nos seguintes aspectos: competência acadêmica, desenvolvimento biológico, intelectual, motor, linguístico, emocional, competências social e interpessoal, motivação para os estudos, entre outros

O que é educação inclusiva

que indiquem serem as adaptações realmente indispensáveis à sua educação. É imprescindível que se analise os contextos escolar e familiar, de modo que possa haver mudanças adaptativas necessárias à educação do aluno. As avaliações relativas às suas condições e do seu contexto escolar e familiar devem ser realizadas pelas equipes docentes e técnicas da unidade escolar, tendo estas a orientação do corpo dirigente, contando com o apoio da DRE/Secretaria de Educação (dirigente da Educação Especial) da localidade, se necessário. As adaptações curriculares devem estar contextualizadas e justificadas em registros documentais que integram a pasta do aluno. As programações individuais dele devem ser definidas, organizadas e realizadas de modo a não prejudicar sua escolarização, seu sucesso e promoção escolar, bem como sua socialização.

Para o sucesso da Escola Inclusiva, é fundamental não apenas jogar essa responsabilidade nas costas dos professores. Todas as demais pessoas, diretores, inspetores, atendentes, o pessoal da cantina, limpeza e manutenção, assim como os demais alunos, as famílias e a comunidade em geral precisam estar envolvidas no mesmo objetivo. Se necessário, professores com alunos em processo de inclusão poderão receber apoio de auxiliares na sala de aula. Esses educadores precisarão receber treinamentos constantes. A escola poderá receber de tempos em tempos a visita dos professores itinerantes e/ou outros especialistas no assunto, de modo que se avalie o andamento do processo, passando instruções, tirando dúvidas e dando treinamentos. Enfim, o que quero dizer com tudo isso é que o professor dentro de uma Sala de Aula Inclusiva é o personagem direto da Inclusão Escolar, mas por trás dele deverá estar todo um arsenal de apoio material e humano. O trabalho em equipe entre os profissionais de uma escola pode contribuir, e muito, para uma convivência harmoniosa e construída coletivamente que certamente irá refletir na relação educador/educando e no processo de ensino e de aprendizagem.

Precisamos valorizar trabalhos eficientes, reconhecer boas iniciativas. As Escolas Inclusivas precisam de estruturas físicas, disponibilidade de equipamentos tecnológicos facilitadores de aprendizagem, um núcleo de apoio pedagógico especializado, desenvolvimento de cursos de formação em Linguagem de Sinais, ferramentas audiovisuais e espaço interativo, permitindo aos profissionais de educação trocar experiências, expor seus anseios e suas

O que é educação inclusiva 91

superações. É preciso também permitir aos professores que trabalham com Inclusão Escolar oportunidades para eles refletirem sobre as propostas de mudança, considerando que elas mexem com seus valores e convicções, assim como afetam a sua prática cotidiana. Uma utopia? Claro que não. São novos desafios e aspectos que contribuirão para uma proposta de Educação Inclusiva de qualidade.

Material sobre o assunto Educação Inclusiva também é muito vasto na internet. Nesse contexto, encontrei no *site* Bengala Legal algo muito interessante, no qual são feitos alguns apontamentos de como deve ser uma Sala de Aula Inclusiva tanto para os alunos com necessidades educacionais especiais quanto para os demais alunos. Vale a pena reproduzi-los aqui: Promover práticas mais cooperativas e menos competitivas em sala de aula; estabelecer rotinas de participação igual e plena a todo o grupo; preocupar-se em garantir em todas as atividades da sala de aula as acomodações necessárias à participação de todos (ativamente); difundir valores em sala de aula: respeito, solidariedade, cooperação etc.; incentivar o desenvolvimento de redes de apoio (grupo de pessoas que se reúnem para debater, resolver problemas, trocar ideias, métodos, técnicas e atividades, tendo o objetivo de ajudar tanto os alunos quanto os professores das salas de aula inclusivas); flexibilizar as práticas de sala de aula para responderem aos desafios de apoiar os alunos com dificuldades de aprendizagem; atuar numa postura de Ensino Inclusivo: espontânea e com a coragem necessária para assumir os riscos que forem se apresentando; trabalhar em equipe, desenvolvendo novas habilidades e promovendo uma educação de qualidade a todos os alunos; examinar e adotar várias abordagens de ensino para trabalhar com alunos com diferentes níveis de desempenho; reavaliar as práticas e determinar as melhores maneiras possíveis de promover a aprendizagem ativa para os resultados educacionais desejáveis.

Os professores que trabalham ou ainda vão trabalhar nessa área deverão partir do princípio de que todos os alunos com deficiência são capazes e podem desenvolver suas potencialidades, tendo claro em mente que quem pouco experimenta em si mesmo pouco pode reconhecer no outro. As relações entre professores e alunos devem adquirir uma dimensão de transparência e respeito, criando uma escola

O que é educação inclusiva

realmente plural. Os benefícios da Educação Inclusiva para todos os estudantes, segundo o Programa da ONU em Deficiências Severas, publicado em 1994, são:

Para os estudantes com deficiência:
- Desenvolvem a apreciação pela diversidade individual.
- Adquirem experiência direta com a variação natural das capacidades humanas.
- Demonstram crescente responsabilidade e melhorada aprendizagem por meio do ensino entre os alunos.
- Estão mais bem preparados para a vida adulta numa sociedade diversificada por meio da educação em salas de aula diversificadas.
- Experimentam frequentemente apoio acadêmico adicional da parte do pessoal da Educação Especial.
- Podem participar como aprendizes sob condições instrucionais diversificadas (aprendizado cooperativo, uso de tecnologia baseada em centros de aprendizagem etc.).

Para os estudantes sem deficiência:

• Têm acesso a uma gama mais ampla de modelos de papel social, atividades de aprendizagem e redes sociais.

• Em escala crescente, desenvolvem o conforto, a confiança e a compreensão da diversidade individual deles e de outras pessoas.

• Demonstram crescente responsabilidade e crescente aprendizagem por meio do ensino entre os alunos.

• Estão mais bem preparados para a vida adulta numa sociedade diversificada por meio da educação em salas de aula diversificadas.

• Recebem apoio instrucional adicional da parte do pessoal da educação comum.

• Beneficiam-se da aprendizagem sob condições instrucionais diversificadas.

Essa convivência abre a oportunidade para a escola trabalhar essas questões como um tema transversal, pois ela é local de diálogo e de aprender a conviver, vivendo a própria cultura e respeitando as diferentes formas de expressão cultural. O grande desafio da escola será investir na superação da discriminação e dar a conhecer a riqueza representada por ela referente à diversidade etnocultural que compõe o patrimônio sociocultural brasileiro, valorizando a trajetória particular dos grupos que compõem a sociedade. Numa livre citação, pensar em Inclusão Escolar, no geral, é levar em conta as palavras da pedagoga Maria Teresa Eglér Mantoan: "É a nossa capacidade de entender e reconhecer o outro e, assim, ter o privilégio de conviver e compartilhar com pessoas diferentes de nós. O grande ganho, para todos, é viver a experiência da diferença. Se os estudantes não passam por isso na infância, mais tarde terão muita dificuldade de vencer os preconceitos".

OUTROS ASPECTOS E ATORES DA INCLUSÃO ESCOLAR

A parceria entre a família e a escola

É de fundamental importância que a família esteja engajada diretamente nesse projeto de Escola Inclusiva. Não podemos esquecer inicialmente que o nascimento de uma criança com algum tipo de deficiência já traz várias reações e sentimentos à família e uma desorganização emocional, a qual só reencontrará o equilíbrio com a aceitação do fato. E quanto maior for essa aceitação maior será o envolvimento no processo terapêutico e educacional da criança. Papéis que pais e professores desempenham no desenvolvimento e educação da criança são próximos e complementares e podem proporcionar a ela melhores oportunidades no desenvolvimento de suas capacidades, seja qual for a sua limitação.

Uma das primeiras formas será que professores consigam a ajuda de um membro da família que irá fazer a "lição de casa" com a criança, fazendo uma revisão do que foi feito na sala de aula nesse dia. Seria muito bom se os pais tivessem atitudes como essas: participar de reuniões da equipe escolar para planejar, adaptar o currículo e compartilhar sucessos; ser incorporados pela escola como parceiros de planos da equipe, participando de todos os aspectos operacionais da escola; estar nas atividades extracurriculares; ter acesso a treinamentos relevantes. Ao lado disso, a escola deverá desenvolver informações sobre os serviços de apoio à família. Nessa interação escola/família, a Inclusão Escolar obterá muito mais êxitos.

Aulas de Educação Física Inclusivas

Dentre outras atividades escolares que poderão contribuir com a Educação Inclusiva certamente uma das mais apaixonantes são as atividades físicas, esportivas ou de lazer, tendo elas valores inclusivos, sociais e terapêuticos, com benefícios tanto na esfera física quanto psíquica. O engajamento, seja com o objetivo de movimentar-se, jogar ou praticar um esporte ou atividade física regular, já agrega pessoas com deficiência visual, auditiva, mental, física ou qualquer outra necessidade educacional especial. Hoje, temos atletas e modalidades adaptadas pelo mundo inteiro, por exemplo, as Paraolimpíadas. Esses atletas são mundialmente conhecidos, tendo a oportunidade de testar seus limites e potencialidades, prevenindo as enfermidades secundárias à sua deficiência.

Em termos físicos, permite-lhes ganhos de agilidade no manejo da cadeira de rodas, equilíbrio dinâmico ou estático, força muscular, coordenação motora, dissociação de cinturas e resistência física. Enfim, há favorecimento de sua readaptação ou adaptação física global, ativando a circulação, estimulando os músculos, evitando o acúmulo de gordura localizada ao queimá-la no ciclo energético, proporcionando equilíbrio do eixo glandular do tálamo, hipotálamo, gônadas, suprarrenal, o que melhora a habilidade para coordenar movimentos, tornando-se mais rápido, ágil e flexível. Em

O que é educação inclusiva

termos psíquicos, permite-lhes ganhos variados, como a melhora da autoestima na inclusão social, redução da agressividade, dentre outros benefícios.

No decorrer das últimas décadas, foram criadas ou adaptadas modalidades que permitem a participação em eventos competitivos de cada grupo. As modalidades apresentam uma grande variedade de opções olímpicas: arco e flecha, atletismo, basquetebol, bocha, ciclismo, equitação, futebol, halterofilismo, iatismo, natação, rúgbi, tênis de campo, tênis de mesa, tiro, futebol de paralisados cerebrais e voleibol.

Em Educação Física, todavia, ao escolher uma modalidade esportiva a ser praticada, o professor precisa levar em conta vários fatores, principalmente a realidade dos tipos e graus de deficiência desses alunos com necessidades especiais, podendo ser poliomielite, lesados medulares, lesados cerebrais, amputados, deficiências intelectuais ou sensoriais, dentre outras. Além disso, é preciso considerar também a preferência esportiva, a condição socioeconômica, as limitações e potencialidades, a facilidade nos meios de locomoção e transporte, a existência e disponibilidade de materiais e locais adequados, o estímulo e o respaldo familiares e os profissionais preparados para atendê-los, sempre considerando e respeitando as limitações e potencialidades individuais do aluno. Tudo isso deve visar objetivos como a melhoria e desenvolvimento de autoestima, a autovalorização e a autoimagem, assim como o estímulo à independência e autonomia, a socialização com outros grupos, a experiência com suas possibilidades, potencialidades e limitações, a vivência de situações de sucesso e superação de situações de frustração, a melhoria das condições organo-funcional (aparelhos circulatório, respiratório, digestório, genital e urinário). Deve-se visar, ainda, a melhoria na força e resistência muscular global, o ganho de velocidade, o aprimoramento da coordenação motora global e ritmo, a melhoria no equilíbrio estático e dinâmico, a possibilidade de acesso à prática do esporte como lazer, reabilitação e competição, a prevenção de deficiências secundárias, a promoção e encorajamento do movimento, a motivação para atividades futuras, a manutenção e promoção da saúde e condição física, o desenvolvimento de habilidades motoras e funcionais para melhor realização das atividades de vida diária e o desenvolvimento da capacidade de resolução de problemas.

O que é educação inclusiva 101

Uma das tarefas principais dessas aulas, mesmo sem se perceber, será promover a autoaceitação e a confiança que permitirão ao aluno desenvolver habilidades e talentos que promovam a superação e compensem a sua deficiência, validando todas as tentativas. Hoje, o esporte adaptado às pessoas com deficiência em eventos no Brasil e no mundo vem sendo ampliado e considerado processo de reabilitação, sendo que tais atividades físicas e esportivas, competitivas ou não, devem ser orientadas e estimuladas, visando, assim, possibilitar os benefícios que essas atividades podem oferecer para uma melhor qualidade de vida.

Mercado de trabalho

Não podemos esquecer também que na vida de qualquer ser humano sua formação escolar é a preparação para uma vida profissional, não sendo diferente para quem tem deficiência. A Escola Inclusiva tem muito a colaborar com o futuro desses alunos. Segundo um trecho da Declaração de Salamanca, *os jovens com necessidades educacionais especiais devem receber ajuda para fazer uma eficaz transição da escola para a vida adulta produtiva. As escolas devem ajudá-los a se tornarem economicamente ativos e prover-lhes as habilidades necessárias no dia a dia, oferecendo treinamento em habilidades que respondam às demandas sociais e de comunicação e às expectativas da vida adulta. (...) Estas atividades devem ser executadas com a participação ativa de conselheiros profissionais, agências de colocação, sindicatos, autoridades locais e diferentes serviços e entidades interessadas.*

Hoje é muito comum vermos nos noticiários reportagens sobre muitas vagas para pessoas com deficiência e que não há candidatos qualificados para isto. Contudo, tenho duas opiniões a respeito. Durante muitas décadas, quem tinha algum tipo de limitação ficava isolado em instituições fechadas e quase nunca chegava ao ensino regular nas suas esferas superiores. Só com todo o movimento da categoria iniciada e intensificada durante os anos 1980 é que também começamos a abrir espaço na educação, chegar ao Ensino Médio e ao Ensino Superior.

Hoje, já temos muitas pessoas com deficiência com diploma de faculdade, algumas com pós-graduação, mestrado e doutorado e que estão no mercado de trabalho, buscando o seu espaço de igual para igual. Outras estão buscando a qualificação necessária, aquisições profissionais e as habilidades profissionais que são exigências cada vez maiores do mundo do trabalho. Acredito que essa qualificação aumentará cada vez mais com o crescimento do Ensino a Distância, pelo qual acabei me apaixonando por considerá-lo altamente inclusivo. Nós estudamos em casa, sem intervenção de colegas de classe com assuntos que muitas vezes fogem ao conteúdo. Nós não precisamos nos locomover, enfrentar trânsito, gastar com transporte e alimentação nem chegar estressados à aula. Vendo estatísticas do MEC, nos últimos anos a aprendizagem a distância tem resultados no mesmo nível dos ensinos presenciais. Por outro lado, num país em que as faculdades estão concentradas só em trinta por cento dos municípios, o Ensino a Distância permite que os outros setenta por cento tenham acesso ao Ensino Superior. É a grande oportunidade para que pessoas com deficiência qualifiquem-se. Hoje, sou um grande defensor do Ensino a Distância.

Esse mercado de trabalho abre-se também cada vez mais às pessoas com deficiência intelectual, mesmo àquelas que só podem fazer atividades repetitivas, sendo mais produtivas em linhas de produção nas fábricas, por exemplo, porque se concentram mais nas atividades. Muitas estão exercendo diversas atividades em vários setores nas empresas mais diferenciadas. Já encontramos por aí professores, atores, modelos, office-boys, mensageiros, atendentes, metalúrgicos, cozinheiros, assistentes administrativos, auxiliar de serviços gerais, entre outros profissionais com deficiência intelectual e com síndrome de Down. O que deve ser avaliada, em primeiro lugar, é a capacidade de cada uma dessas pessoas dentro de suas limitações, potenciais, qualidades, dificuldades e características específicas. Aliás, são regras válidas para qualquer pessoa em qualquer processo seletivo.

Segundo documento da Unesco, as atividades repetitivas podem ou não ser exercidas por pessoas com deficiência. Elas têm ou não habilidades com peças pequenas, por exemplo, como qualquer pessoa sem deficiência. Por possuírem diferenciações em seus graus de inteligência, não significa que se concentram mais em determinadas tarefas. O poder de concentração ou habilidade para determinadas atividades vai depender de vários fatores, principalmente perfil profissional e qualificação. Existem pessoas com deficiência intelectual que são muito comunicativas e preferem trabalhar como mensageiros, por exemplo, mantendo um maior contato com as pessoas. Mas, definitivamente, é preciso deixar completamente claro que o perfil profissional não está ligado à deficiência intelectual. Não se pode admitir um funcionário com deficiência intelectual para uma determinada função porque se ouviu falar que ele é muito bom naquilo devido às características de sua deficiência.

Como qualquer outra pessoa, a que tem algum tipo de deficiência, inclusive a intelectual, tem capacidade de sair da rotina, aprender e/ou se reciclar dentro do setor que trabalha, mudar de função e/ou setor com frequência por não se adaptar com facilidade. Manter um funcionário estagnado não é enriquecedor tanto para a empresa como para o trabalhador, o qual perderá ótimas oportunidades de expandir seus horizontes, conhecer novas pessoas e, principalmente, desenvolver outras habilidades. Também é errado afirmar categoricamente que as pessoas com deficiência intelectual não se adaptam aos novos ambientes.

Esses profissionais devem ser tratados como os demais, tal como perguntar-lhes se desejam e têm qualificações profissionais para fazer essas mudanças. Depois, é preciso deixar que eles se adaptem com tranquilidade, assim como um profissional sem deficiência faria. Não podemos prever se algo não vai dar certo sem experimentar antes. Cursos de reciclagem devem ser oferecidos também para as pessoas com deficiência intelectual dentro de suas capacidades. Agora, é óbvio que as mudanças de setor e/ou de atividades devem ser feitas levando-se em consideração os potenciais e limitações desses profissionais, de modo a se evitar um processo inverso de exclusão, caso ele seja transferido para um setor no qual não tenha competência para executar seu trabalho com produtividade, assim como fazia no anterior. Mas caso o empregador e/ou profissional de recursos humanos tenha dificuldade para realizar essa transferência, o aconselhável é fazer uma boa avaliação psicológica e médica junto à importante opinião de profissionais especializados.

Todavia, a formação e a qualificação de pessoas com necessidades especiais para o mercado de trabalho precisam ser realistas, atentas ao fato de que vivemos numa sociedade pós-moderna, com valores no lucro, na velocidade, na competição, no individualismo, na generalidade do conhecimento e na polivalência das habilidades, que são as competências para o mundo do trabalho atual. A exigência de incluir trabalhadores com deficiência também leva esse mundo a rever tudo isso e adaptar-se, criar o que o Programa de Ação Mundial Relativo às Pessoas com Deficiência aprovado pela ONU chamou de *equiparação de oportunidades*:

> *O processo por meio do qual o sistema geral da sociedade — tais como os ambientes físicos, a moradia e o transporte, os serviços sociais e de saúde, as oportunidades educacionais e de trabalho, a vida cultural e social, incluindo as instalações e recreativas — é tomado por acessível para todos.*

VII
A EDUCAÇÃO ESPECIAL E A INCLUSIVA PODEM CAMINHAR JUNTAS?

Uma coisa não podemos negar: a internet é uma das melhores e maiores aliadas da Educação Inclusiva. Ela permitiu que esse conceito educacional se propagasse rapidamente pelo mundo, fazendo circular documentos, relatos, opiniões, ideias, conceitos, fóruns de discussões. Permitiu o nascimento de milhares de sites, blogs e publicações on-line em torno da temática. Eu também tenho o meu blog e foi por meio dele que, recentemente, recebi esta mensagem de uma mãe:

O que é educação inclusiva 109

> *Estou na capital da Paraíba. Tenho uma criança especial, com 6 anos de idade, e é exatamente isso que está acontecendo. Antes ela tinha atendimento especializado na Apae e, por conta desta política, fomos obrigados a matriculá-la em uma escola da rede pública municipal. Apesar dos esforços e boa intenção dos educadores, eles não têm nenhum preparo e/ou apoio da Secretaria de Educação para aperfeiçoamento e melhor desenvolvimento da criança. Muito pelo contrário, notamos que essa situação tem sido prejudicial, uma vez que a criança está regredindo, visto que não é estimulada adequadamente.*

Esse tipo de comentário, confesso, me deixa triste e, somando-se a ele, existem muitos outros que recebo. Peço licença ao leitor para comentar algumas informações que me têm chegado: o modo errôneo como a Inclusão Escolar vem sendo propagada em algumas escolas municipais e estaduais do nosso país. Existem várias pessoas sem preparo técnico-pedagógico fazendo da Inclusão Escolar um "oba-oba". O que quase ninguém tem coragem de dizer é que, ao lado desse atual modelo de Inclusão com sérias intenções e ações efetivas, há também uma forte intenção política por parte de alguns oportunistas, infelizmente. Governos das diferentes esferas têm "estimulado" e "forçado" a Inclusão apoiados em sérias leis, visando com isso diminuir seus gastos com a Educação Especial. Despeja-se, assim, as crianças com algum tipo de deficiência em classes comuns sem nenhum preparo das partes envolvidas, gerando prejuízos e maus comentários à filosofia da Inclusão Escolar.

Não podemos esquecer que muitas dessas crianças com necessidades educacionais especiais, principalmente das creches ou escolas de Educação Infantil, podem ser beneficiadas com uma estimulação precoce — prestação de serviços educativos, terapêuticos e sociais. Quanto mais cedo se iniciar a intervenção, maior será o potencial de desenvolvimento da criança. Essa estimulação essencial — como também é chamada — proporciona apoio e assistência à família nos momentos mais críticos, trazendo benefícios para todas as crianças com atraso no desenvolvimento neuropsicomotor: crianças com deficiências múltiplas, com síndrome de Down, com sequelas motoras, com paralisia cerebral, com autismo e até mesmo com deficiência auditiva ou visual

O que é educação inclusiva 111

podem melhorar muito seu desempenho, ampliando a sua capacidade de interação com o mundo.

Muitos defendem que só a adoção de princípios democráticos e uma transformação geral no ensino melhorará sua qualidade. Haveria a garantia do ingresso incondicional e a permanência de alunos com necessidades educacionais especiais nas escolas regulares. Assim, o discurso da Inclusão Escolar incondicional concebido de forma radical por diversos movimentos responsabiliza a escola e a sociedade como um todo para educar adequadamente toda a diversidade humana. Isso obriga o sistema educacional a se reformular por completo e o resultado serão melhorias para todos.

Mesmo achando muito positiva essa postura, permaneço ideologicamente em outra corrente de pensamento: a que defende a Inclusão Escolar de forma paulatina numa convivência entre o ensino regular com o ensino especializado paralelamente até atingirmos um sistema educacional em que teremos de fato uma "Educação para Todos!". Vários autores compartilham essa posição comigo dizendo que a solução não estaria em eliminar todos os meios e serviços auxiliares da Educação Especial. Isso sim seria discriminatório e prejudicial às pessoas com necessidades especiais que precisam desses serviços como garantia de acesso aos modelos de escolaridade comum. Com o tempo, esses alunos terão possibilidades cada vez mais amplas em relação às situações escolares regulares, cada vez com menos necessidade de apoio especial. Sua permanência na escola e entre os colegas favorecerá o seu desenvolvimento, comunicação, autonomia e aprendizagem e com efeitos emocionais positivos

Faço essas afirmações por experiência própria. Por ter paralisia cerebral, passei os primeiros onze anos da minha vida dentro de uma Escola de Educação Especial, numa época em que o isolamento era ainda mais latente. Paralelo à educação, precisava de terapias, treinamentos de atividades da vida diária, estimulações físicas, motoras, fonoaudiólogas e psicológicas, dentre outras, sendo assistido por profissionais especialistas em diversas áreas. E hoje afirmo que tudo foi válido, pois quando eu fui transferido para uma escola de ensino regular, estava realmente preparado para uma nova etapa.

Entretanto, isso não significa que eu esteja defendendo ou afirmando que crianças com deficiência tenham que passar antes por uma escola especial, mesmo porque eu vivi e fui educado em outro momento histórico do qual estamos hoje. O que quero aqui é trazer para o nosso bate-papo um equívoco cometido pela política da Inclusão Escolar: ignorar os benefícios também oferecidos pela Educação Especial para a Inclusão e aproveitá-los em um trabalho via mão dupla de transição. E, nessa construção histórica, caminharemos para um futuro em que as Escolas de Educação Especial não tenham mais motivos para existir.

IX
A ESCOLA INCLUSIVA E O NOSSO MOMENTO HISTÓRICO

No início deste livro, tomei o cuidado de fazer um resumo de toda a história que envolve a caminhada e as mudanças de visões culturais e atitudes em torno das pessoas com deficiência no Brasil. É fato que não podemos negar que em cada momento histórico existem diferentes contextos de interação para as crianças em diferentes famílias submetidas a diferentes e, por vezes, desiguais condições de vida com suas rotinas, linguagens, valores e atividades. Mas o nosso momento é agora. Após tantas mudanças, recebemos por herança a missão de pensar, projetar, executar e fazer concretizar-se a Escola Inclusiva.

Acredito na educação pelo afeto que influi indiretamente, ajudando as crianças na superação de suas dificuldades, ativando e conduzindo à via direta do desenvolvimento. Nossas ações são movidas pelos processos dinâmicos, necessidades e impulsos afetivos. Nosso pensamento está motivado e condicionado psicologicamente, resultando também de algum impulso afetivo que o põe em movimento e o dirige à consciência humana. Em *Elementos da defectologia*, Vygotsky dizia que, permitindo ao aluno com deficiência ter interação com o meio em que vive, principalmente com as outras pessoas e, em particular, com aquelas mais envolvidas efetivamente (mãe, pai, irmãos, professores, colegas de classe e amigos), possibilitamos a ele a construção de suas características, forma de agir, pensar, imaginar, emocionar-se, comunicar-se e se ver como sujeito único. Esse aluno responderá ao meio que age sobre ele e, dessa forma, acaba modificando esse meio. Por meio de uma proposta educativa sociointeracionista, a aprendizagem e o desenvolvimento são processos distintos, porém indissociados. A aprendizagem promove o desenvolvimento que, por sua vez, permite novas aprendizagens. Essa relação dialética só é possível com a presença de parceiros mediadores da aprendizagem nas situações cotidianas em que a criança se envolve.

Outro ponto que eu gostaria de tocar, até mesmo como uma forma de chamar a atenção, é que durante muito tempo nos congressos e seminários sobre pessoas com deficiência ou com necessidades educacionais especiais, só autoridades médicas e técnicas tinham participação e voz. Com o tempo, pessoas com deficiência ganharam espaço e voz nesses eventos, principalmente aquelas com alguma posição acadêmica ou a militância política. Em todos de que participei, nunca vi uma pessoa com deficiência moradora das regiões mais pobres do país, moradora de favelas e de regiões altamente carentes, zonas rurais, ser convidada a palestrar, falar de sua realidade e necessidade. Raramente vi alguém tocar nessas questões. Precisamos criar pesquisas e políticas para conhecer e trazer a realidade dessa parcela de pessoas com deficiência para o nosso círculo de discussão e, com o tempo, elaborar planos e trabalhos para também sanar tais necessidades, pois aí sim estaremos praticando o conceito de Inclusão Plena de fato.

A Inclusão Social e Escolar hoje são realidades. Quem sabe — e tenho convicção disso — que daqui a cinquenta ou cem anos autores da História da Educação escreverão que no fim do século XX e início do XXI grupos formados por pessoas de diversas áreas uniram forças e conhecimentos e promoveram a chamada Inclusão Escolar. Neste tempo futuro, a "Escola para Todos" será concreta e corriqueira... E este pequeno livro somente será encontrado conservado em acervos de bibliotecas para servir de consulta histórica.

INDICAÇÕES DE LEITURA

Com relação à história, Otto Marques da Silva publicou em 1987 um livro intitulado *A epopeia ignorada* – A pessoa deficiente na história do mundo de ontem e de hoje, mas infelizmente essa obra está fora de catálogo. Em 2008, após dez anos de pesquisas, publiquei o meu livro *Caminhando em silêncio* – Uma introdução à trajetória das pessoas com deficiência no Brasil (Giz Editorial) que está disponível no mercado, assim como a obra *Os infames da História* – Pobres, escravos e deficientes no Brasil, de Lilia Ferreira Lobo (Faperj/Lamparina, 2010).

Mina Regen e colaboradores publicaram um livro um relato de experiência bem interessante chamado *Uma creche em busca da inclusão* (Memnon, 1998). Vale a pena ler também o livro *Dez questões sobre a educação inclusiva da pessoa com deficiência mental* (Avercamp, 2006), de Cláudia Prioste, Darcy Raiça e Maria Luiza Gomes Machado. A Rede Saci, em conjunto com a Imprensa Oficial do Estado de São Paulo e a Ashoka Brasil, lançaram em 2005 um excelente livro intitulado *Educação Inclusiva*: O que o professor tem a ver com isso?

Aqui mesmo na coleção Primeiros Passos temos dois títulos muito bons: *O que é deficiência*, de Débora Diniz, e *O que são pessoas deficientes*, de João B. Cintra Ribas. Desse último autor também recomendo *Preconceito contra as pessoas com deficiência*: as relações que travamos com o mundo (Cortez, 2007).

A pedagoga Maria Teresa Egler Mantoan, que ainda não tive o prazer de conhecer pessoalmente, escreve livros muito bons nessa área: *Pensando e fazendo educação de qualidade* (Ed. Moderna), *Compreendendo a deficiência mental*: Novos caminhos educacionais (Ed. Scipione), *Caminhos pedagógicos da Inclusão* (Ed. Memnon), *Integração de pessoas com deficiência* (Ed. Memnon), *Inclusão escolar*: pontos e contrapontos (Ed. Summus) e *O desafio das diferenças nas escolas* (Ed. Vozes).

SOBRE O AUTOR

A Psicologia Existencial fala que se uma pessoa nasce ou adquire uma deficiência, isso será uma fatalidade que ninguém pode mudar. Mas o importante mesmo será o caminho que essa pessoa tomar. Entregar-se à deficiência, ou reagir, buscando uma vida cheia de possibilidades.

Ao nascer, em 9 de setembro de 1969, adquiri uma paralisia cerebral no parto devido a uma asfixia cerebral. Muito cedo fui para a Associação de Assistência à Criança Deficiente – AACD, e ali permaneci até os meus 11 anos numa época em que pessoas com deficiência eram excluídas,

O que é educação inclusiva 123

escondidas da sociedade. Após isso, fui morar no interior paulista com meus avós. No início dos anos 1980, fui incluído no grupo escolar, numa época que ainda nem se falava ou sonhava em Educação Inclusiva. E aí minha vida deslanchou...

Iniciei a minha vida escrevendo, pois aos cinco anos já rascunhava poemas e contos. Formei-me em Jornalismo Técnico e fui jornalista nos anos 1980 e 1990. Fiz inúmeros cursos na área de Artes e trabalhei como pesquisador e divulgador científico por oito anos no Hospital da USP/Bauru.

Aos 33 anos resolvi estudar mais, formando-me psicólogo em 2006. Ao todo, fiz quatro pós-graduações, sendo duas em Comunicação Social, uma em Literatura Infantil (as três pela USP) e uma específica em Educação Inclusiva. Nessa "aventura" científica publiquei 87 artigos científicos no Brasil e exterior. Escrevi 76 originais de livros, mas quarenta joguei no lixo por considerá-los que foram só um exercício de ritmo e estilo de escrita. De resto, já publiquei 28, dos quais quero destacar três para esta área: *Caminhando em silêncio*: uma introdução à trajetória da pessoa com deficiência na história do Brasil

(Giz, 2008), a minha autobiografia *O caso do tipógrafo*: crônicas de minhas memórias (Giz, 2009) e *Introdução à Psicologia e pessoas com deficiência*: a construção de um novo relacionamento! (Agbook, 2010).

Doutorei-me em Psicanálise em 2009 com uma tese em que estudei o perfil da atual pessoa na meia-idade, e tenho desenvolvido a minha clínica virtual. Fiz extensão universitária em Docência do Ensino a Distância. Hoje sou professor em vários cursos de Educação a Distância. E tenho viajado por todo o Brasil, ministrando várias palestras e conferências, principalmente sobre Educação Inclusiva.

Somando tudo isso, hoje posso dizer que optei por viver uma vida cheia de possibilidades!

Coleção Primeiros Passos
Uma Enciclopédia Crítica

ABORTO
AÇÃO CULTURAL
ADMINISTRAÇÃO
AGRICULTURA SUSTENTÁVEL
ALCOOLISMO
ANARQUISMO
ANGÚSTIA
APARTAÇÃO
APOCALIPSE
ARQUITETURA
ARTE
ASSENTAMENTOS RURAIS
ASTROLOGIA
ASTRONOMIA
BELEZA
BIBLIOTECA
BIOÉTICA
BRINQUEDO
BUDISMO
CAPITAL
CAPITAL FICTÍCIO
CAPITAL INTERNACIONAL
CAPITALISMO
CÉLULA-TRONCO
CIDADANIA
CIDADE
CINEMA
COMPUTADOR
COMUNICAÇÃO
COMUNICAÇÃO EMPRESARIAL
CONTO
CONTRACULTURA
COOPERATIVISMO
CORPOLATRIA
CRISTIANISMO
CULTURA
CULTURA POPULAR
DARWINISMO
DEFESA DO CONSUMIDOR
DEFICIÊNCIA
DEMOCRACIA
DEPRESSÃO
DESIGN
DIALÉTICA
DIREITO
DIREITOS DA PESSOA
DIREITOS HUMANOS
DIREITOS HUMANOS DA MULHER
DRAMATURGIA
ECOLOGIA
EDUCAÇÃO
EDUCAÇÃO AMBIENTAL
EDUCAÇÃO FÍSICA
EDUCAÇÃO INCLUSIVA
EDUCAÇÃO POPULAR
EDUCACIONISMO
EMPRESA
ENFERMAGEM
ENOLOGIA
EROTISMO
ESCOLHA PROFISSIONAL

Coleção Primeiros Passos
Uma Enciclopédia Crítica

ESPORTE
ESTATÍSTICA
ÉTICA
ÉTICA EM PESQUISA
ETNOCENTRISMO
EVOLUÇÃO DO DIREITO
EXISTENCIALISMO
FAMÍLIA
FEMINISMO
FILOSOFIA
FILOSOFIA CONTEMPORÂNEA
FILOSOFIA MEDIEVAL
FÍSICA
FMI
FOLCLORE
FOME
FOTOGRAFIA
GASTRONOMIA
GEOGRAFIA
GOLPE DE ESTADO
GRAFFITI
GRAFOLOGIA
HIEROGLIFOS
HIPERMÍDIA
HISTÓRIA
HISTÓRIA DA CIÊNCIA
HOMEOPATIA
IDEOLOGIA
IMAGINÁRIO
IMPERIALISMO
INDÚSTRIA CULTURAL

INTELECTUAIS
ISLAMISMO
JAZZ
JORNALISMO
JORNALISMO SINDICAL
JUDAÍSMO
LAZER
LEITURA
LESBIANISMO
LIBERDADE
LINGUÍSTICA
LITERATURA DE CORDEL
LITERATURA INFANTIL
LITERATURA POPULAR
LOUCURA
MAIS-VALIA
MARKETING
MARXISMO
MEDIAÇÃO DE CONFLITOS
MEIO AMBIENTE
MENOR
MÉTODO PAULO FREIRE
MITO
MORAL
MORTE
MÚSICA
MÚSICA SERTANEJA
NATUREZA
NAZISMO
NEGRITUDE
NEUROSE

Coleção Primeiros Passos
Uma Enciclopédia Crítica

- NORDESTE BRASILEIRO
- OLIMPISMO
- PANTANAL
- PARTICIPAÇÃO
- PARTICIPAÇÃO POLÍTICA
- PATRIMÔNIO CULTURAL IMATERIAL
- PATRIMÔNIO HISTÓRICO
- PEDAGOGIA
- PESSOAS DEFICIENTES
- PODER
- PODER LOCAL
- POLÍTICA
- POLÍTICA SOCIAL
- POLUIÇÃO QUÍMICA
- POSITIVISMO
- PÓS-MODERNO
- PRAGMATISMO
- PSICOLOGIA
- PSICOLOGIA SOCIAL
- PSICOTERAPIA
- PSICOTERAPIA DE FAMÍLIA
- PSIQUIATRIA FORENSE
- PUNK
- QUESTÃO AGRÁRIA
- QUÍMICA
- RACISMO
- REALIDADE
- RECURSOS HUMANOS
- RELAÇÕES INTERNACIONAIS
- REVOLUÇÃO
- ROBÓTICA
- SAUDADE
- SEMIÓTICA
- SERVIÇO SOCIAL
- SOCIOLOGIA
- SUBDESENVOLVIMENTO
- TARÔ
- TAYLORISMO
- TEATRO
- TECNOLOGIA
- TEOLOGIA
- TEOLOGIA FEMINISTA
- TEORIA
- TOXICOMANIA
- TRABALHO
- TRABALHO INFANTIL
- TRADUÇÃO
- TRANSEXUALIDADE
- TROTSKISMO
- TURISMO
- UNIVERSIDADE
- URBANISMO
- VELHICE
- VEREADOR
- VIOLÊNCIA
- VIOLÊNCIA CONTRA A MULHER
- VIOLÊNCIA URBANA
- XADREZ